JN042686

ようこそ、心理学部へ

同志社大学心理学部 編

★――ちくまプリマー新書

397

目次 ＊ Contents

ガイダンス

さあ、心理学部の大学生がどんなことを勉強しているのか、本書で体験してみましょう。

心理学を専門として勉強するというのはどういうことでしょうか。数学や歴史などを本格的に学ぶというのは、中学や高校の授業にもあったことから何となくイメージがつかめる気がしますね。一方、「熱流体力学を学ぶ」、と言われると何か知らないことをイチから学ぶんだろうなという気がするでしょう。

それらに対して、心理学は授業で習ったことはないので、本格的に勉強することについての明確なイメージは湧かないのではないでしょうか。かといって、心について何も知らないということはない。いや、それどころか、物心ついてからずっと自分の心につきあい、他人の心を観察してきているので、すでに心理はかなり学んでいるはず。そん

	月	火	水	木	金	土
1時間目		科学史・科学論	心理学統計法			英語ワークショップ1
2時間目	認知心理学	心理学実験(3)	犯罪心理学	生理心理学	心理学データ解析実習	
3時間目	臨床心理学	感情心理学			食行動の心理学	
4時間目				行動分析学	ドイツ語応用1	
5時間目	心理学外国書講読(2)					

あなたの時間割

な気もしてきますね。あるいは、「心理テスト」「性格診断」のようなものに親しんでいて、それと心理学にどういう繋《つな》がりがあるのか、気になっている人もいるかもしれません。

本書は〝心理学を学ぶ〟ことについては、心理学部生の一週間の授業を紙上で疑似体験し、理解してもらうのがいちばん手っ取り早く、わかりやすいだろう、と考えて企画されました。

あなたはある大学の心理学部の学生で、現在、二年次生だとします。図はあなたの一週間の時間割です。二年次生に設定したのは、日本の大学の多くで、ちょうど専門科目の勉強が本格的に始まる時期に当たるからです。

心理学部の専門科目は、大きく講義科目と演習・実習科目とに分かれます。時間割の中で白抜きで示した「認知心理学」や「臨床心理学」は講義科目で、高校までの授業と同じように、教室で先生が講義を行います。一方、「心理学実験」や「心理学データ解析実習」、「心理学外国書講読」などは演習・実習科目で、学生の作業や発表を中心に授業が進められ、内容に応じて特定の機材を配した演習室や実習室が使われます。皆さんには心理学部学生の勉学生活の大きな部分を占める、講義科目を紙上体験していただきます。具体的には月曜二時間目の「認知心理学」から金曜三時間目の「食行動の心理学」までの白抜き七科目です。なお、演習・実習科目にも独特の醍醐味《だいごみ》があるのですが、それについてはひととおりの講義を経験していただいた後にお話しすることにします。

本書では、各先生が半期間かけて行っている授業の何回目かを講義するというスタイルをとります。一般的な概論書や入門書は心理学を幅広く包括的に紹介するものが多く、それはそれで有意義なのですが、幅が広すぎて表面を薄くなぞることになってしまい、かえって心理学についての焦点がぼやけてしまうきらいがあるようです。本書はその逆を行き、定番となっている具体的なテーマや興味深いトピックが取り上げられているある講義に読者であるあなたが出席している、という形式で紙上講義を展開します。

もちろん、この紙上講義では、「前回までの講義内容」や「心理学の基礎知識」というような事前知識がなくても講義内容がわかるよう補足を行ったり、丁寧に説明を行ったりしていますので、その点はご安心ください。

それでは最初の教室に移りましょう。

第1章　認知心理学――「記憶」という不思議なしくみ

竹原卓真

記憶の導入

まずは簡単な質問からです。みなさんは今朝何時頃にどこで何を食べましたか？　六時三〇分の電車に乗らないといけないため六時一五分に駅前のコンビニでパンとコーヒーを買って食べた人、家族と一緒に七時頃ご飯と納豆と味噌汁《みそしる》を食べた人、食べていないという人も多いかもしれません。私は健康のことを考えて、ヨーグルトとフルーツを食べました。

今、思い出してもらった朝食の話は、人間の記憶ととても深い関係があります。みなさんの多くは朝食を食べた時刻を覚えていたことでしょうし、メニューも覚えていたと思います。また、先ほど述べたように六時三〇分の電車に乗らなければならないというスケジュールについて覚えていた人や、家族と一緒に食べたという食事を共にしたメンバーを覚えていた人もいたはずです。こういったことを「思い出す」という行動は、当たり前のことすぎて、それらについていちいち改めて考えるのはバカバカしいように感じますね。しかし、この思い出すという心の働きは、私たちが社会生活を営む上で、とても重要なのです。

もしも人間に記憶という心の働きがないと仮定すれば、どのような世界になるでしょうか。「母さんが昼ごはんに作ってくれたチャーハンって、どこにあったっけ?」、「父さんの名前何だっけ?」、「職場や学校へどうやって行くんだっけ?」、「私って、誰?」となってしまうでしょう。みなさんが他人との関わりの中で日常生活を普通に送ることができているのは、記憶という心の働きのおかげなのです。

一言で「記憶」と言っても、歴史の試験で苦労した年号の暗記などに代表される覚えること（これを記銘と呼びます）なのか、覚えたたくさんの年号を試験までそのまま持ち続けること（これを保持と呼びます）なのか、はたまた覚えた年号を思い出すこと（これを想起と呼びます）なのか、細かい区別があります。歴史の試験は一例ですが、記銘、保持、想起のどれかが機能しなくなると、試験以外でもとても困ったことになりますね。

記憶という心の働きが科学的に研究され始めたのは、一九世紀後半でした。それ以来、膨大な数の記憶研究が行われています。本章では手始めとして、これらの研究の中から重要な二つの研究を紹介します。

二重貯蔵モデル

一つ目の研究は、アトキンソンとシフリンという研究者が行ったもので、彼らの研究は「二重貯蔵モデル」と呼ばれています（Atkinson & Shiffrin, 1968）。このモデルでは、短期記憶や長期記憶という記憶を保存しておく場所（短期貯蔵庫・長期貯蔵庫と呼びます）が二つ仮定されているので、「二重貯蔵」というわけです（図1－1参照）。まず、私たちの目や耳に、外国語の文字のような視覚情報や、ポップな音楽のような聴覚情報が入ってきたとしましょう。すると、それらはひとまず感覚登録器と呼ばれるところに入ります。この感覚登録器は、入ってきた情報をほんの一瞬しかとどめておくことができず、例えば、視覚情報はたった〇・五秒しか残りませんし、聴覚情報でも五秒しか残りません。これらの情報のうち、私たちが何らかの注意を向けた情報だけが短期貯蔵庫

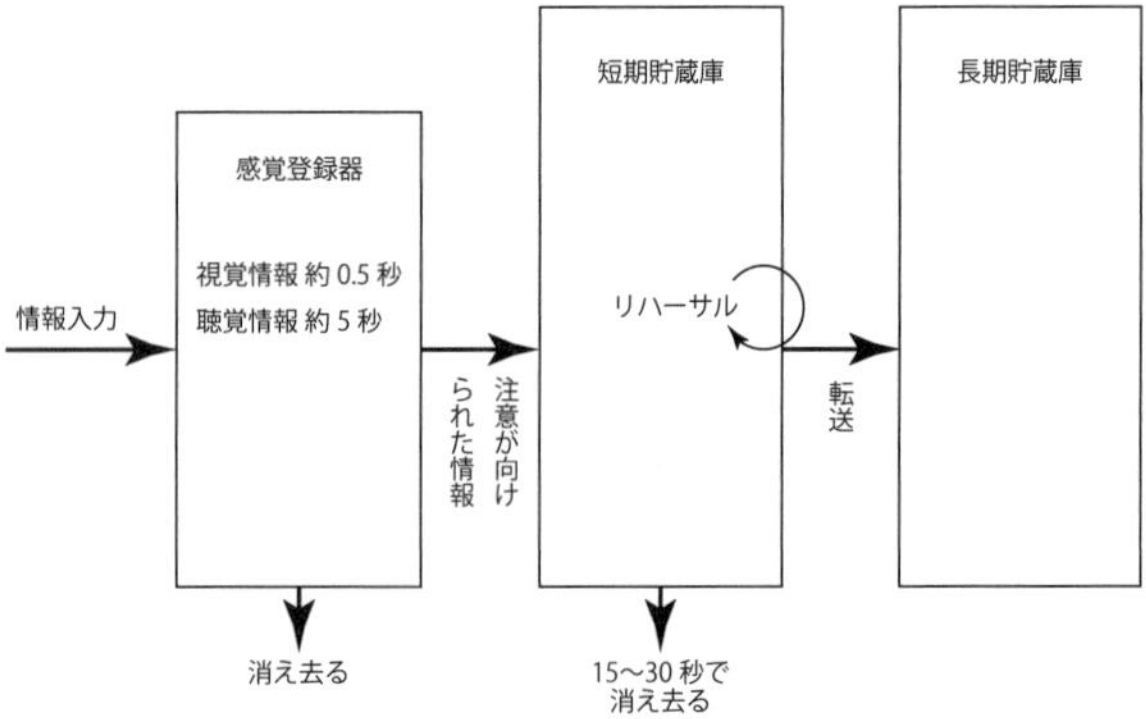

図１－１　記憶の二重貯蔵モデル

に入ります。注意を向けられなかった情報は、残念ながらそのまま消え去っていきます。

ところが、短期貯蔵庫に情報が入ると一安心、というわけにはいきません。短期貯蔵庫は感覚登録器ほどではありませんが、その名前が物語るように、短い期間しか情報が残りません。短期貯蔵庫に入った情報は、その人がその後何もしない状態になると、一五秒から三〇秒くらいでやはり消えてしまいます。せっかく注意を向けて短期貯蔵庫に入れたのに、です。そこで、短期貯蔵庫に入った情報を何度も心の中で繰り返し唱え続けると、だんだん短期貯蔵庫の中に残り続けるようになります。これをリハーサルと呼びます。音楽アーティストがライブで何度もリハーサルをするという、あのリハーサルと同じ意味です。

では、ここで実際にやってみましょう。次のアルファベットをリハーサルして短期貯蔵庫に入れてみてください。

ANANTTYKKJALIHIKYKTDK

どうでしょう？　なかなか覚えられないはずです。実は私たちの短期貯蔵庫の容量（バケツの大きさと同じ意味）は非常に小さくて、なんと7±2しかないのです（Miller, 1956）。短期貯蔵庫には、時間的な制約と数としての制約の両方があるということになります。ところが、さきほどのアルファベットをよく見てください。三文字ずつに区切るとこうなります。

ANA　NTT　YKK　JAL　IHI　KYK　TDK

これらは多くの人が知っている日本の企業名であることに気づくと思います。この企業単位で区切ればより多くの情報が短期貯蔵庫に残り続けることになります（この例だと三文字×七社＝二一文字）。ちなみに、文字を塊で区切ることをチャンクに区切るとか、チャンキングと呼びます。

さて、リハーサルを繰り返していると、その情報はいずれ長期貯蔵庫に転送されやすくなります。これは、年号とその年に生じた史実を何度もリハーサルすると、試験まで覚えていられるという経験からよく分かると思います。リハーサルをどの程度行ったかによって、長期貯蔵庫への転送の度合いが変わります。そして、一度長期貯蔵庫へ情報が転送されれば、その情報はほぼ永続的に消えることはないと考えられています。

長期貯蔵庫の容量には、限りがないと言われます。では、長期貯蔵庫の中身はどのようになっているのでしょうか。まず、その記憶が「言葉で説明できるかどうか」がポイントになります。例えば、「朝食にパンを食べた」という記憶は言葉にできている記憶です。では、自転車の乗り方を言葉で説明できますか？ 「ハンドルを手で握って、足を両方のペダルに置いて、こぐ」くらいしか説明できず、どのようにすれば転ばないようにバランスを取れるかまでは言葉で説明できません。このように、言葉で説明できる記憶を「宣言的記憶」と呼び、言葉で説明できない記憶を「手続き的記憶」と呼びます。また、宣言的記憶は、「意味記憶」と「エピソード記憶」に分かれます。意味記憶は一般的知識としての記憶で、「紙はパルプからできている」とか「関西のカレーといえばビーフカレーだ」などという記憶を指します。これに対して、エピソード記憶は時間や空間などを特定できる記憶で、「昨日の朝七時にコンビニでおにぎりを買った」とか「三日前のゼミコンパの時に、居酒屋で酔っ払ってゼミの先生にこっぴどく怒られた」などという記憶を指します。

処理水準モデル

記憶における重要な二つ目の研究は、クレイクとロックハートという研究者が行ったもので、彼らの研究は「処理水準モデル」と呼ばれています（Craik & Lockhart, 1972）。彼らは先ほどの二重貯蔵モデルで述べたような、記憶の貯蔵庫は必要ではないと考えました。その代りに処理水準という、ちょっとややこしい考え方を導入しました。処理水

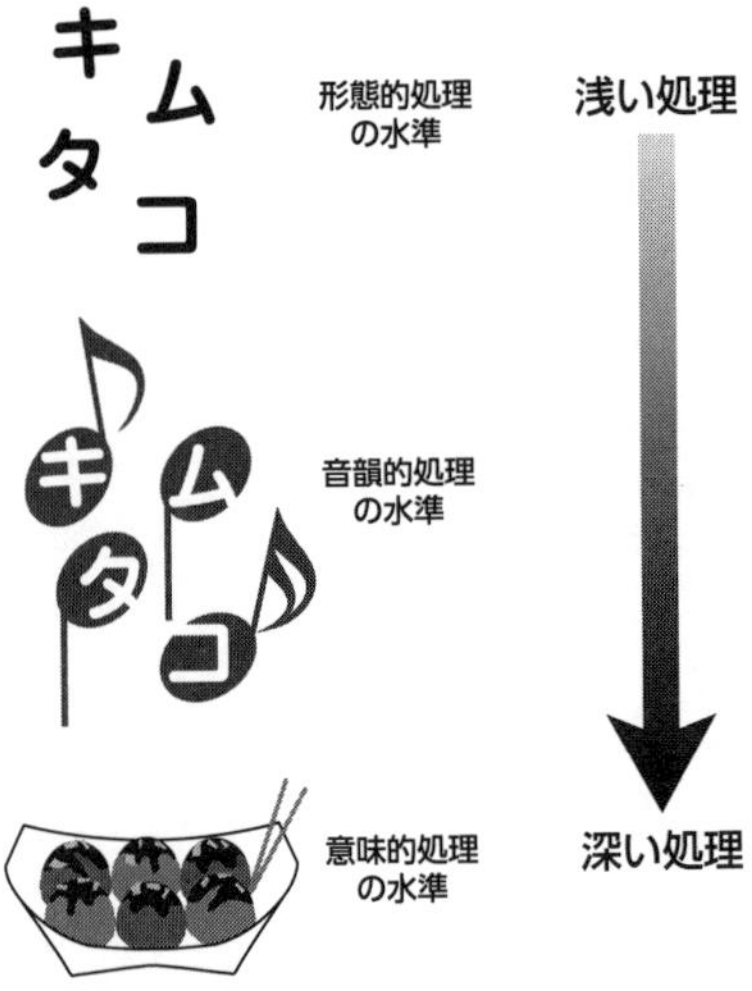

図１－２　記憶の処理水準モデル

準とは、物事を記憶するときの「処理の深さ」を意味しており、平たく言えば「処理の爪痕の深さ」となるでしょうか。物事を記憶するときに、その情報処理が深ければ深いほど（情報処理による爪痕が深ければ深いほど）、記憶によく残るというわけです。

クレイクとロックハートによると、記憶するときの処理の水準には、浅い水準から深い水準まで存在します。浅い水準の処理から順に、形態的処理、音韻的処理、意味的処理の三水準が仮定されます（図1－2参照）。

例えば、キムチ入りたこ焼きの「キムタコ」という食べ物を考えてみましょう。まず「キムタコ」という単語を構成するそれぞれの文字（「キ」「ム」「タ」「コ」）が見た目の形態的（物理的）処理の水準で、最も処理が浅い水準です。次に有名な俳優の「キムタク」さんと、「キムタコ」は発音がとても似ていることが分かります。これは音韻的処理の水準に該当し、音の情報をも処理していることから、見た目の形態的処理の水準より処理が少し深くなります。最後は、キムタコはキムチ入りのたこ焼きだという、食べ物としての意味が加わります。これが意味的処理の水準に該当し、形態と音韻に加えて、その対象物の意味まで考えるわけですから、最も深い処理水準です。

この処理水準の考え方を記憶に応用してみると、形態的処理を行うだけの記憶よりも、音韻的処理を伴えば記憶成績が良くなり、音韻的処理よりも意味的処理を伴えば記憶成績が良くなることを意味します。中学生や高校生の歴史の授業の時に、年号を単に機械的に覚えるのではなく、語呂合わせをして覚えたり、その事件の背景を理解して覚えたりしたのは、より深い処理水準で記憶しようとしていたことにほかならないのです。

実験室から日常へ

ところで、記憶に関する研究のほとんどは実験環境が厳密に統制された実験室内で行われました。このような研究スタイルを実験室実験と呼びます。一方、私たちは起きてから眠るまでの間、様々な環境下に滞在して、色々な人と交流を図り、数多くの感情を体験しながら生きています。両者を比べると、実験室実験で得られた研究知見のほうが特殊であり、同時に一般的でないことは明らかです。認知心理学の名付け親（高野、2015）とも称されるナイサーという研究者は、実験室を出て日常生活における記憶研究の重要さを説きました（Neisser, 1982）。それに呼応するかのように、日常生活に密着した記憶研究が推進されていきました。以下ではその例を見ていきます。

文脈依存効果

あなたが自室で「七一〇年に唐の都・長安にならって平城京が作られた」という史実を覚えていたとしましょう。ここで、記憶という情報処理を行う際に中心となる情報を焦点情報と呼び、この例では「七一〇年、長安、平城京」という情報がそれに該当します。一方、焦点情報以外の情報を全て文脈情報と呼び、その中でも自室などの環境的な情報を特に環境的文脈と呼びます。この環境的文脈が私たちの記憶に大きく影響を及ぼしていることが実験によって明らかにされました。

ゴドンとバッデリーという研究者は、スキューバ・ダイビングのクラブに所属している大学生たちを実験参加者として、記憶研究を行いました（Godden & Baddeley, 1975）。実験参加者の大学生に実際にアクアラングを装着させて海に潜らせ、単語を記憶する実験を行ったのです。

実験参加者は、（1）海中で単語を覚えて海中で思い出す条件、（2）海中で単語を覚えて陸上で思い出す条件、（3）陸上で単語を覚えて陸上で思い出す条件、（4）陸上で単語を覚えて海中で思い出す条件の、四条件のどれかに振り分けられました。その結果、（1）と（3）の条件に振り分けられた実験参加者が思い出せた単語の割合は、（2）と（4）に振り分けられた実験参加者よりも多かったのです（図1－3参照）。単語を覚えたときの環境的文脈（陸上か海中か）とそれを思い出すときの環境的文脈（陸上か海中か）が一致しているほうが、より多くの単語を思い出せたのです。

記憶の成績が文脈に依存していることから、このような現象を文脈依存効果と呼びます。たとえば、期末試験の教室環境はとても静かなので、静粛な図書館で試験勉強した

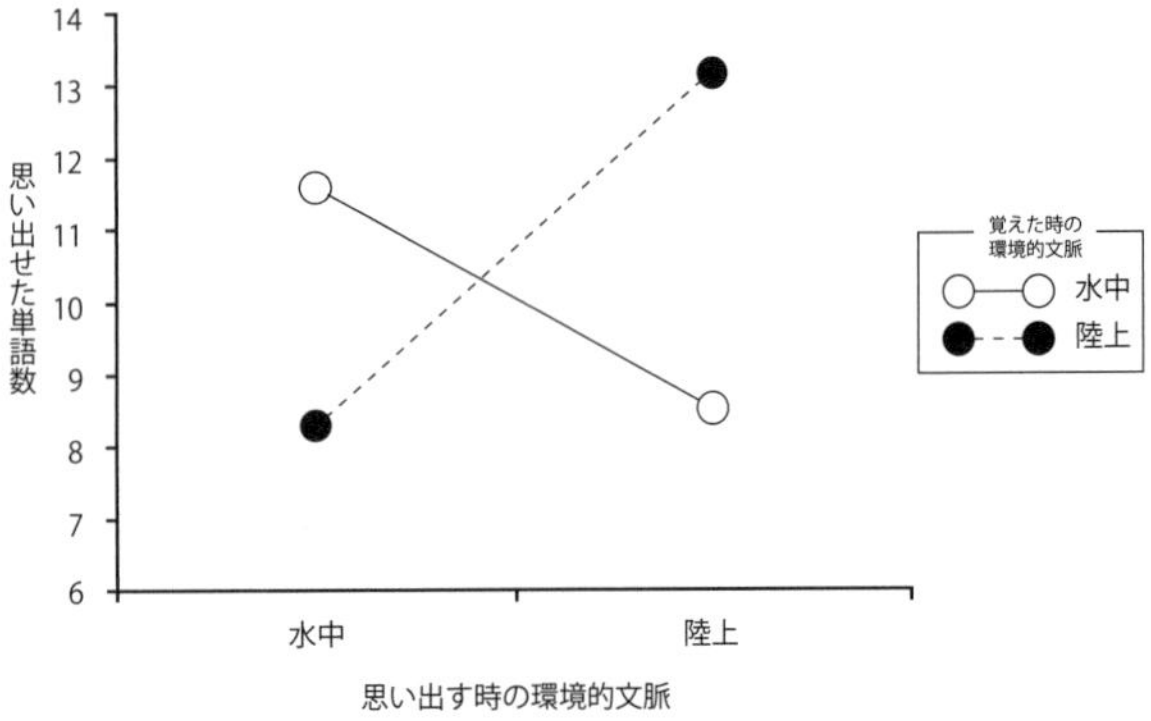

図１－３　記憶の文脈依存効果

ことは、環境的文脈が一致する、静かな期末試験の教室環境で思い出しやすくなる、などの応用も効くかもしれませんね。

気分一致効果

楽しい気分のときに楽しかったことを思い出しやすくなることや、悲しい気分のときに悲しかったことを思い出しやすくなるという現象を、気分一致効果と呼びます。その時の気分と一致した、以前の記憶が思い出されやすいという点が重要です。気分一致効果も実験によって確かめられています。

バウアーをはじめとする研究者は、実験参加者を楽しい気分、あるいは悲しい気分に誘導した後、楽しい物語と悲しい物語の両方を読ませました（Bower, Gilligan, & Monteiro, 1981）。その次の日、同じ実験参加者に気分誘導せずに、前日に読んだ物語の内容をできるだけたくさん思い出すように指示したところ、前日に楽しい気分に誘導された実験参加者は楽しい物語の内容を、悲しい気分に誘導された実験参加者は悲しい物語の内容を、それぞれたくさん思い出しました。それに加えて、物語に出てくるどの登場人物に自分を同一視したのかを尋ねると、楽しい気分に誘導された実験参加者は楽しい物語の登場人物を選び、悲しい気分に誘導された実験参加者は悲しい物語の登場人物を選びました。

気分一致効果では、感情が重要な役割を演じていると考えられています。バウアーは、ある感情が抱かれると、その感情と結びついていて関連の深い概念や出来事が釣られて思い出されると論じています（Bower, 1981）。楽しい感情が抱かれたら、それに関連の深い出来事は楽しい出来事のはずですから、まさに芋づる式に楽しい出来事が思い出されるというわけですね。

凶器注目性効果

その人の顔を確かに見たのに、手に持っていた凶器のせいで顔を思い出せないという不思議な現象です。ファストフード店で不審人物がカウンターに近づき、いきなり鋭利なナイフを店員に突きつけて「金を出せ！」と強盗を働く場面に、あなたが不運にも遭遇したとしましょう。あなたはその犯人の顔を確かに見ましたし、鋭利なナイフも見ました。そして、事なきを得て、事件後に警察から捜査協力の依頼があり、犯人の顔立ちについて説明をしなくてはならなくなりました。ところが、確かに見たはずの犯人の顔立ちについて、説明できるだけの情報を覚えていないのです。思い出そうとしても、なかなか顔立ちが出てきません。この現象を凶器注目性効果と呼び、犯人の顔をよく覚えていないのは、犯人が手に持つ鋭利な凶器に原因があると考えられています。

凶器注目性効果が生じる理由には、大きく分けて二つあります。一つは、新奇性（目新しさ）が関わっているというものです（Pickel, 1999）。通常ではありえない環境で凶器を目撃すると新奇性が高くなり、その凶器に釘《くぎ》付けになってしまうため、犯人の顔など、他の情報に十分な注意が向けられないのです。もう一つは、情動（感情とほぼ同義）の覚醒が関わっているというものです（Maass & Köhnken, 1989）。凶器を目撃した時、目撃者の恐怖や驚きといった非常に強い情動が生じます（情動喚起と呼びます）。そして、利用できるはずである手がかりの範囲が情動喚起によって縮小して利用できなくなり、最終的に犯人の顔を覚えていないというのです。簡単に言えば、恐怖や驚きという強い情動によって凶器にばかり注意が向いてしまうため、犯人の顔立ちなどの情報処理が犠牲にされてしまうというわけです。

図１－４　凶器注目性効果

名前は思い出しにくい

「この人、以前会ったことあるのだけど、誰だったかな？」という経験をしたことがある人は多いでしょう。こんな経験をすると、自分の記憶力に不安を覚える（私くらいの年齢になると老化が心配になる）でしょうが、実は名前はそもそも思い出しにくいものの代表例なのです。

名前を思い出しにくい理由が、三つほど考えられています（McWeeny et al., 1987）。

一つ目は恣意性です。恣意性とは聞き慣れない言葉ですが、気ままで勝手な性質と考えれば良いでしょう。名前は単なるラベルに過ぎませんから、顔と勝手気ままに結びついているので名前が出てこないのです。例えば、私は「竹原」という名前ですが、「竹原」を名乗っているのは私の親のどちらかがその苗字だったというだけで、もう一方の親の苗字が選択されていれば、私は「秋田」になっていました。「竹原」でなければならない必然性が、そこにはないということです。

二つ目は頻度です。名前は他の情報と比べて検索される頻度が低いのです。例えば、あなたと仲の良い友人を一人思い浮かべてください。その人の苗字を普段どれだけ思い返しますか？　多分、めったに思い返さないか、思い返したとしても愛称で呼んでいるのではないでしょうか？　このように、名前は思い返す頻度が極端に低いので、思い出しにくいと考えられています。

三つ目はイメージの難しさです。名前のイメージ化は簡単ではなく、有意味性が低いのです。私たち日本人の名前の多くは表意文字の漢字ですから、「田中」は「田んぼの中」など、まだイメージ化ができるほうです。ところが、欧米の名前はそうはいきません。Smith, John, Tom などの名前をイメージできますか？　有名人に引っ掛けるとイメージできるかもしれませんが、Bonifatius（ボニファティウス）というドイツ人がいたとして、イメージできますか？　このように、名前はそもそも思い出しにくいものですから、「名前が出てこない」ことはあまりに気にしなくてもよいようです。

毎日見ているのに思い出せない

生涯に一〇円玉をどれくらい見ているでしょうか。一日に一度目にしているとして二〇歳の読者でも五〇〇〇回以上、五〇歳の読者に至っては一六〇〇〇回以上にもなります。では、ここで問題です。そんな一〇円玉の裏側（平等院鳳凰堂《びょうどういんほうおうどう》が描かれていない面）を簡単でいいので描いてみてください（次ページ図1－5参照）。「なんだ、そんな簡単なことか」と思われるかもしれませんが、一応ヒントを差し上げます。一〇円玉の裏側には、四種類のパーツが描かれています。

10円玉の裏側（平等院鳳凰堂が
描かれていない面）を描いてみましょう。

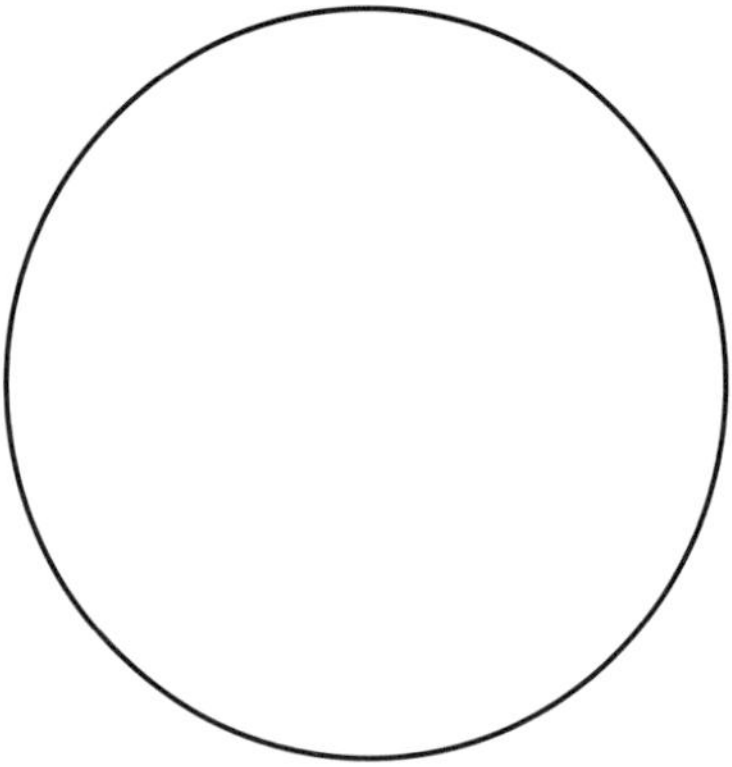

図1－5　10円玉チャレンジ

さて、いかがでしょうか。ほとんどの人が「10」と大きく描き、その下に「令和○年」という年号を描いたはずです。これでパーツは二種類です。そして、これも多くの人が描けていると思いますが、「10」の両サイドに葉っぱのような木のような植物を描いたはずです。これでパーツは三種類です。しかし、四種類目のパーツまで描けた人は少ないのではないでしょうか。――では、実際に一〇円玉を手にとって確認してみてください。

中央下部にリボンが描かれています。これだけ繰り返し目で見ているにもかかわらず、さっぱり記憶に残っていなかったのではありませんか。どうやら私たちの記憶は、あまり頼りにならないのかもしれませんね。過信しないことが肝要です。

フラッシュバルブ記憶

先ほど、記憶を「過信しないことが肝要です」と述べました。ところが、いつまでたっても鮮明に覚えていて、忘れることができない記憶はありませんか？　ショッキングな内容で驚くような出来事が発生したときの記憶は特殊で、あたかもカメラのフラッシュを焚《た》いて写真を撮ったかのように、その当時の状況が鮮明に思い出されることが多くの記憶研究から分かっていて、フラッシュバルブ記憶（日本語では閃光《せんこう》記憶）と呼ばれます。フラッシュバックではなく、フラッシュバルブというところに注意が必要です。

一九六三年一一月二二日、アメリカのテキサス州ダラスでケネディ大統領が暗殺されました。この事件は全米のテレビで生中継されており、それを見た多くのアメリカ国民が大きなショックを受けました。事件から一〇年以上が経過したとき、ブラウンとクリークという研究者がアメリカ人を対象にして、ケネディ大統領暗殺事件をはじめて知ったときの状況を思い出させる実験を行いました（Brown & Kulik, 1977）。すると、ほとんどの人がその瞬間にどこにいて、そこで何をしていて、その後どうしたのかなどを、あたかも写真で撮影したかのようにとても鮮明に答えることができたのです。事件から一〇年以上が経過しているにもかかわらず、です。

ブラウンとクリークは、このようなフラッシュバルブ記憶は、完全であり、鮮明であり、正確であり、忘れにくいという四つの特徴から一般的な記憶と一線を画すると考えました。フラッシュバルブ記憶が発生する理由は、本人がものすごく驚いたときや、出来事がものすごく重大で重要なときに特殊な生物学的メカニズムが働き、その状況が記憶に焼き付くという「ナウ・プリントメカニズム」にあると考えられました（Livingston, 1976）。

ところが、フラッシュバルブ記憶は実はそれほど鮮明でも正確でもないという研究結果がいくつも提出されています。例えば、二〇〇一年九月一一日にアメリカで発生した同時多発テロにおけるフラッシュバルブ記憶の研究によると、状況の記憶の鮮明さや、その記憶への確信度は低下しない一方、記憶内容の一貫性が時間経過とともに低下することが分かっています（Talarico & Rubin, 2003）。つまり、私たちはショッキングな出来事を経験して正確な記憶が焼き付いたと感じるのですが、実は正確ではない記憶に強い

図1-6　熊のいる風景／いない風景

確信を抱いているということになります。

感情と記憶

この二つの写真は、北海道の同じ街を撮影したものです（図1-6参照）。この二つの写真を見たとき、どちらのほうが記憶に残りますか？　言うまでもなく、左の写真ですね。この例が示すように、中性的であまり感情情報を伴わない場合よりも、恐怖や怒りといったネガティブな感情情報を伴う場合のほうが、記憶に深く刻まれるということが分かっています。

ケンシンジャーという研究者によると、嬉《うれ》しいとか楽しいというポジティブな感情は全体的な要点に関する記憶を促進させる一方、恐ろしいなどのネガティブな感情は出来事の詳細に関する記憶を促進するようです（Kensinger, 2009）。これを「ネガティビティ・バイアス」（負の偏向）と呼びます。例えば、駆け込み乗車をしようとしたところ、自分の目の前で電車の扉が閉まり、周囲の人から白い目で見られてとても恥ずかしい思いをしたという経験は誰しもあると思います。別の日に同じ経験をすると、「前もそうだったな、いつも必ず自分の目の前で扉が閉まる」と前回の記憶が蘇《よみがえ》ります。普通に扉が開いている時に乗車できている頻度のほうが圧倒的に高いにもかかわらず。これは恥ずかしさというネガティブな感情が記憶に影響した例だと考えることができます。

しかし、ネガティブな感情は、いつもネガティブな影響しか及ぼさないわけでもありません。例えば、「Monster Energy」という清涼飲料水があります。「Poison」(毒)という有名な香水も存在します。「Monster」も「Poison」も普通に考えれば購入をためらいそうな商品名なのですが、実はネガティブな感情を伴う名前がついた商品は、私たちの目にとまりやすい効果があることが分かりました。また、そのような商品名に繰り返し触れることによって、ネガティブな感情による影響がなくなっていくことも分かりました(Guest et al., 2016)。

ゲストをはじめとする研究者は、ネガティブな商品名自体が記憶に残りやすい効果を持つことに加え、それと共に提供される怖いデザインも記憶に残りやすい効果を持つと考えています。ネガティブな感情を伴う情報が、いつもネガティブな影響を持つわけではないということを考えながら生活すると、面白いことが見えてくるかもしれません。

まとめ

記憶は認知心理学の数あるトピックの中でも、特に重視されるトピックです。本日講義したのは、その記憶に関するテーマのほんの一部分でした。おそらく、それぞれが馴染みやすくて興味深かったと思いますが、その一方で人間の記憶はとても歪みやすいうえにいい加減な機能だということも、理解していただけたと考えています。本日解説した記憶の諸側面以外にも、面白い現象がたくさんありますから、ぜひ調べてみてください。

第2章　臨床心理学――不安や恐怖はどこから来るのか？

石川信一

臨床心理学とは

臨床心理学は、病人の床《とこ》に寄り添うという意味の「臨床」という言葉と「心理学」の組み合わせから成り立っています。臨床心理学の目的をすごく簡単に述べてしまえば、助けを求めているクライエントさんの支援をしていくこと、そしてそれに役に立つような事実を明らかにしていくこととなります。すなわち、「臨床」としての実践活動と「心理学」としての研究活動のバランスによって、臨床心理学は成り立っています（図2－1）。

不安と恐怖

本日は、不安や恐怖を取り上げたいと思います。不安や恐怖は似たような感情ですが、

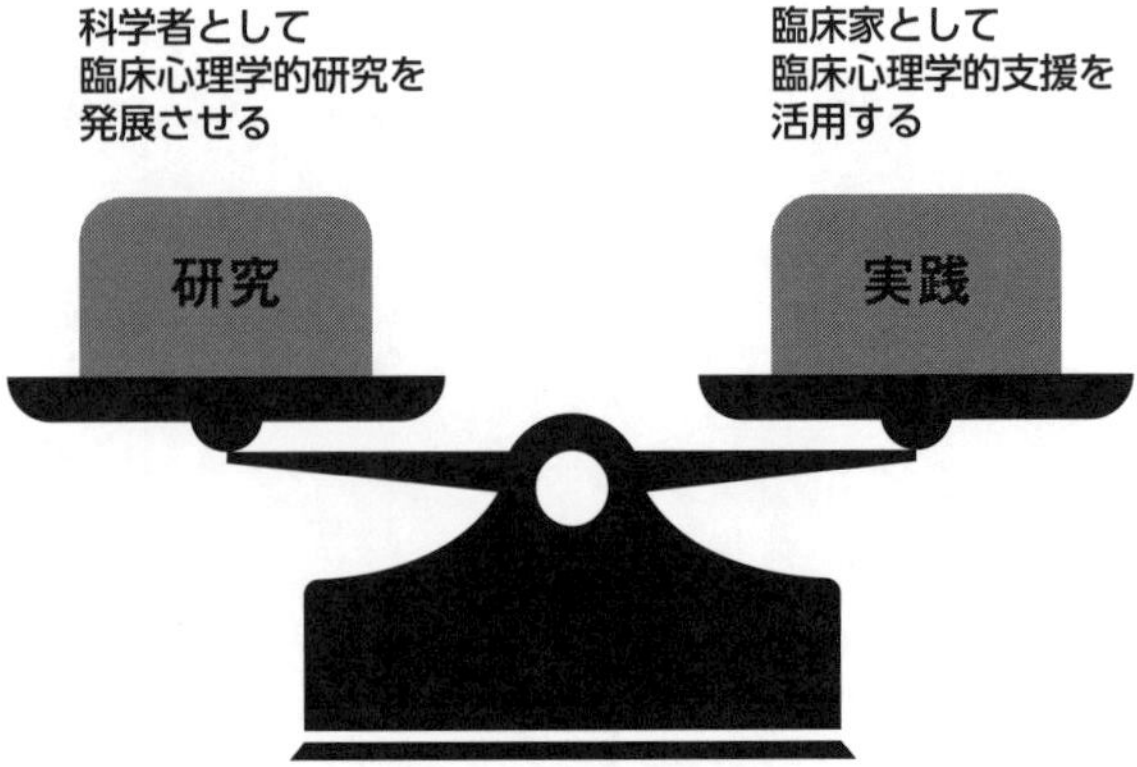

図２－１　臨床心理学の研究と実践の関係

対象がはっきりしているときに恐怖という言葉を使い、そこまではっきりしていないときに不安という言葉を使うことが多いようです。

さて「不安や恐怖がどこからやってくるのか」という疑問について、臨床心理学ではさまざまなアプローチを取ってきました。かつては単独の原因を探ることが多かったのですが、現在では不安や恐怖の問題に至る経路は多種多様であると考えられています（Vasey & Dadds, 2001）。どのように不安や恐怖が獲得されるのか、そしてそれが維持されるのか、少し紹介したいと思います。

古典的条件づけとオペラント条件づけ

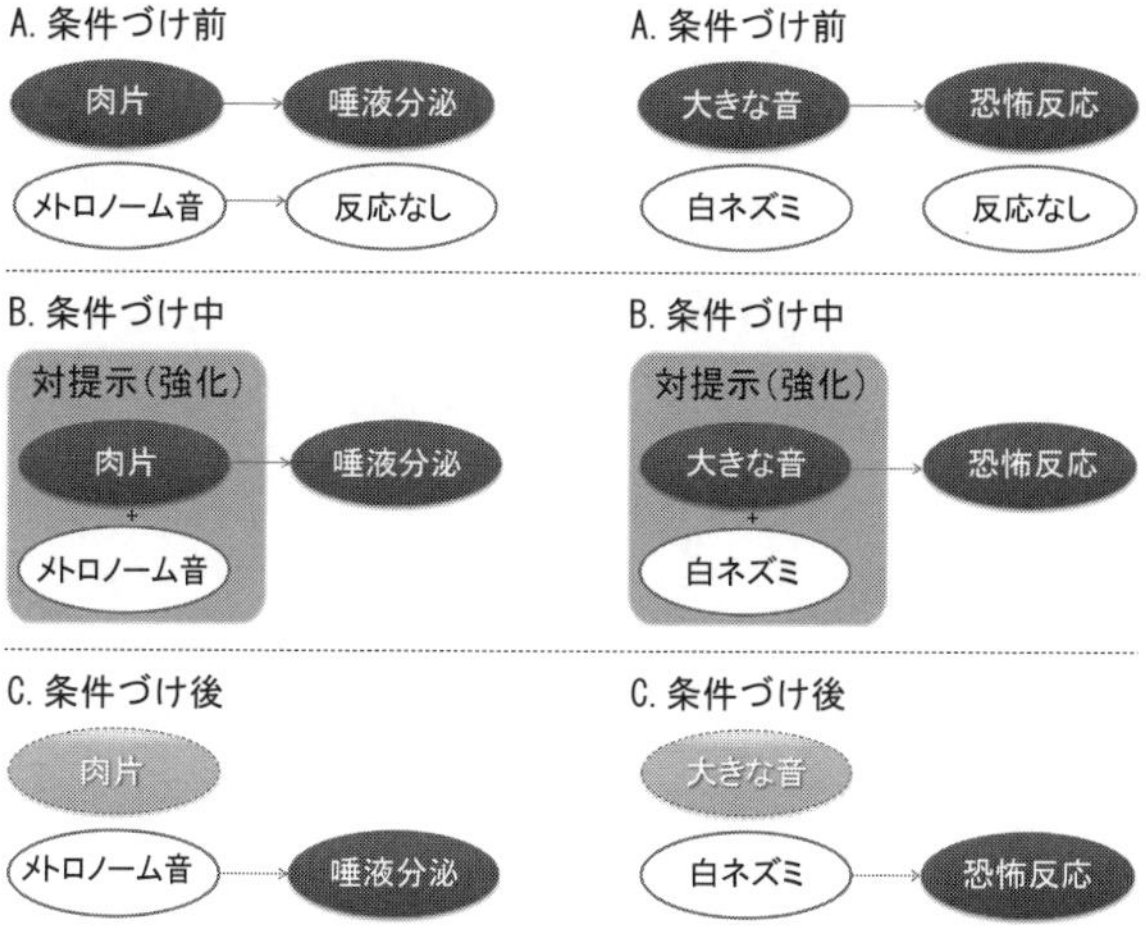

図2-2　古典的条件づけの実験と恐怖の獲得

まずは、直接的な経験があります。みなさんはパブロフ（Pavlov, 1927）の犬の実験を知っていますか（図2-2左）。犬に肉片を与えると唾液が分泌されます。一方、メトロノームの音を聞いても唾液は出ません。しかし、肉片を与える前に、メトロノームの音を聞かせることを繰り返すと（対提示）、やがてメトロノームの音だけで唾液が分泌されるようになります。この実験は古典的条件づけを説明する有名な実験です。

この古典的条件づけに基づいて、人が恐怖を獲得するメカニズムを説明したのが、ワトソンらの行った「アルバート坊やの実験」です（Watson & Rayner, 1920）。この実験は昔のものなので、現在の倫理的な観点からは許容できるものではないと思います。その点はご理解ください。生後一一カ月のアルバート坊やは、当初は白ネズミを怖がっていませんでした。アルバート坊やが白ネズミに手を伸ばそうとしたときに、大きな音を出すという条件づけを行いました。大きな音を聞いたら赤ん坊はどうしてもびっくりしてしまいます。そのため、白ネズミと大きな音が対提示されることによって、恐怖を引き起こすことになってしまいました（図2－2右）。そして、その恐怖の対象は白ネズミだけでなく、白いウサギやサンタクロースの髭《ひげ》にまで広がっていくことになりました。

直接の体験は一度きりであっても恐怖を獲得するきっかけとなることがあります。たとえば、電車などに乗っていたときに事故に遭ったりすると、そのことをきっかけに電車に乗れなくなってしまうかもしれません。そこまで大きな出来事でなくても、犬に大きな声で吠《ほ》えられたり、クモが体にまとわりついたり、蜂に刺された体験のある人は、そのことによって恐怖を感じる可能性があります。

体にまとわりついた体験や襲われた経験から虫に対して恐怖を抱いている人は、その

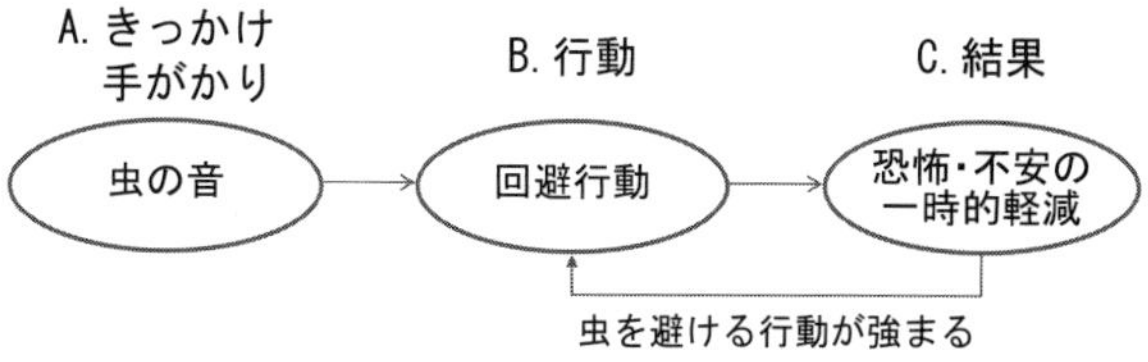

図２－３　回避行動による恐怖・不安の維持

後どのような振る舞いになるでしょうか。あまり虫に接しないようになるかもしれません。虫がいそうなところには近づかない、虫が来たら逃げる、誰かに退治してもらうなどを繰り返すかもしれません。

このような振る舞いの変化は、オペラント条件づけで説明することができます。スキナーは、古典的条件づけと区別する形で、オペラント条件づけに関する研究の礎を築いた心理学者です（Skinner, 1938）。古典的条件づけでは不安や恐怖の獲得について説明しましたが、オペラント条件づけでは、その維持について説明することができます。図２－３をご覧ください。恐怖の対象がはっきりしている場合、人はそれを避けようとします。このことを回避行動と呼びます。回避行動の結果、不安の軽減という結果を得ることができます。このことによって、人はまた回避行動を取ってしまうことになるのです。

一見問題なさそうに思いますが、これが継続してしまうと、少しやっかいなことになります。なぜなら、回避行動を生起させた対象は克服されずに恐怖が残ってしまうことになるからです。さらに、不安が減ったという経験は、次の回避行動を強めてしまう、つまり習慣化してしまう可能性があります。先ほどの例で言えば、自分で虫に対処できたという経験を積むことはできずに、虫に接する機会を失うことになるので、ますます恐怖が維持されてしまうことになります。いわば、回避行動による不安の低下は、「仮《かり》初《そ》めの安心」です。このように、不安や恐怖の獲得と維持は、古典的条件づけとオペラント条件づけの考え方で説明することができます（Mowrer, 1947）。

代理学習と情報処理

虫への恐怖の例に戻りましょう。直接的な経験は思い当たらないけれども、虫が怖いという人もいるはずです。その場合には、「観察学習」の可能性を考えてみます。人は直接的な経験がなくともお手本となる人を観察し、模倣することで行動を学ぶことができます（Bandura, 1977　原野訳 1979）。これが「観察学習」です。

バンデューラの実験では、幼児を対象として観察学習の効果を説明しています。ある大人が人形に暴力を振るっている実際の様子やビデオを見せてから、同じ人形のある部屋に幼児を連れて行きます。すると、その子ども達は、同じように人形に暴力を振るうことが分かっています（Bandura, Ross, & Ross, 1963）。そのため、虫を怖がって逃げ回っている親や家族を見たら、その子どもも虫を怖がってしまう可能性があります。

また、親から「虫は怖い」「不快なものだ」というような情報を伝えられても、同じように虫が苦手になるかもしれません（Essau, Ishikawa, & Sasagawa, 2011）。「人が世界をどのように見ているか」というプロセスのことを「情報処理」と呼びます。そして、この情報処理の偏りは、不安や恐怖と関係があることがわかっています。虫に恐怖を感じる人ほど、虫を見つけるのが早かったり、糸くずを虫ではないかと勘違いすることが多かったりしませんか。これも不安や恐怖にともなう認知のバイアスであることが知られています（Wells & Matthews, 1994　箱田・津田・丹野訳 2002）。

たとえば、親と離れることに不安を感じている子どもは、母親の帰りが約束よりも五分くらい遅れていた場合、「お母さんは事故に遭ったに違いない」と考えてしまいます。

もちろん、事故に遭う確率はゼロではありませんが、道が混んでいたり、バスや電車の時間が遅延していたり、途中で買い物をしているかもしれません。しかし、そのような可能性に気づきにくいのです。あるいは、人前で話をすることが苦手な人は、一度でも言い間違えてしまうと、そのプレゼンは「大失敗である」「自分の評価は最悪だ」と考えてしまいます。他の人も言い間違えていることが少なくないことや、多少のぎこちなさがあっても他人から高評価を得ているということに気がつけていないのです。

社会的要因

私たちは人と人のつながりの中で生きています。生まれたばかりの頃は親子や家族という親密な関係性の中にいます。学齢期になると同世代との関係が生まれ、思春期になるとその人間関係は広がっていきます。やがて、青年期では、さらに広い社会とのつながりが形成されていきます。

不安や恐怖の対象も、その広がりによって変わってくることが分かっています。たとえば、幼児期から小学校低学年くらいまでは、親と離れる際に不安を示す分離不安が多く見られるかもしれません。虫が怖い、暗いところが怖いといった特定の対象に対する恐怖も幼い頃から見られます。一方で、少しずつ自分の関わる世界が広がっていく思春期以降、おおよそ一四歳から一七歳ごろになると、人の目が気になるという形で、他人からの評価に関する懸念などが目立つようになります（Weems & Silverman, 2017）。

さらに大きな枠組みを考えると、不安や恐怖の対象は文化の影響も受けます。虫などの不快な動物に対する恐怖について、国際比較研究では特に日本人で目立つことがわかっています。たとえば、日本で調査をするとアメリカやイギリスに比べてクモに対する恐怖が特に強いことが分かっています（Davey et al., 1998）。アメリカでは『スパイダーマン』が大ヒットしているのに対して、日本では『仮面ライダー』が最初に戦う怪人に「蜘蛛《くも》男」が選ばれていることとは特に関係ないかもしれませんが。

生物学的要因

不安や恐怖について理解する上では、心理学的要因のみならず、生物学的要因も考えなければなりません。不安に関する問題は、後の生活環境の影響の方が大きいと考えられている一方で、おおよそ三分の一くらいまでは遺伝の影響が指摘されています（Eley & Gregory, 2004）。そして、アレルギーなどの体質と同じように、人には気質と呼ばれる先天的な傾向が備わっています。たとえば、新奇のものに興味を持ち接近していく傾向の強い赤ちゃんと、そういった刺激から回避する傾向がある赤ちゃんがいます（Kagan et al., 1984）。このうち後者の行動的特徴と大人になってから不安の問題には関連があることが分かっています（Rapee, 2002）。さらに、不安や恐怖の問題には、セロトニンやノルアドレナリンなどの脳内の神経伝達物質の調節が関係しています。

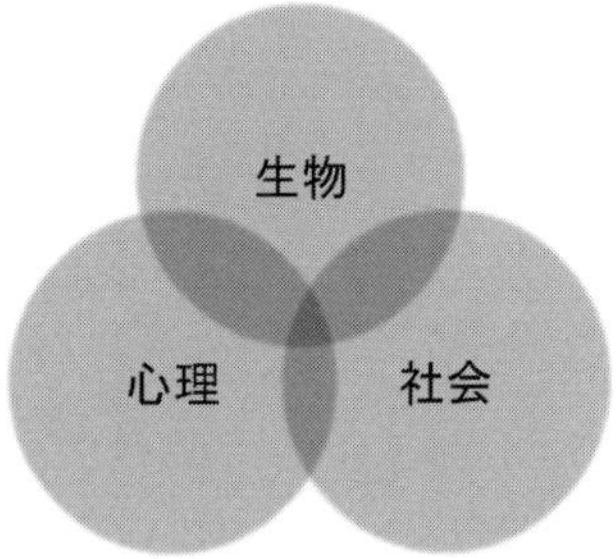

図２−４　生物−心理−社会モデル

生物−心理−社会モデル

臨床心理学的な問題は、遺伝や生理学的要因といった生物学的理解、学習や情報処理などから成り立っている心理学的理解、そして、その人が生活している場や文化的な影響といった社会的理解といった複数の側面からとらえることができます（図2－4）。臨床心理学を志す人の中には、「研究なんて嫌、すぐに人を助けたい！」と言う人もいますが、困っている人を助けるためには、熱い思いや優しさだけでは足りません。また、一生のうちに出会えるクライエントさんの数には限りがあります。であるからこそ、先人が力を合わせて積み重ねた科学的な研究を参考にする必要があるのです。

臨床心理学の実践

それでは、残りの時間で臨床心理学の両輪の一つである「臨床」としての実践活動について説明していきましょう。みなさんにとって、臨床心理学のイメージにぴったりくるのが、カウンセリングや心理療法だと思います。

本来、カウンセリングと心理療法は、異なる対象者のための支援方法を意味しています。カウンセリングは、人間の健康的な部分を伸長し、人間的な成長を促進する相談活動を指しており、たとえば高校生や大学生に対する進路指導、つまりキャリアカウンセリングなどが典型的なものです。一方で、心理療法は心理的な問題を抱えるクライエン

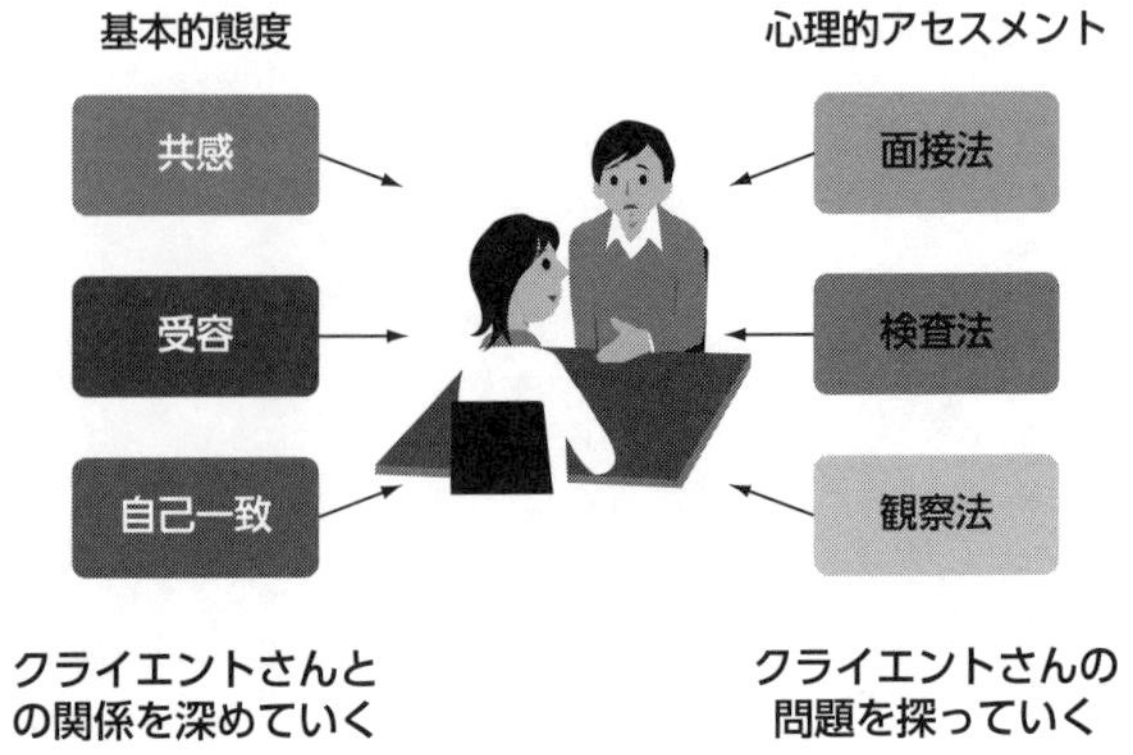

図2-5　心理療法を導入していくイメージ

トさんに対する支援活動です。日本ではその両者が混同して使われていることが多いですし、心理の専門職も両方に関わっていることが多いですね。ここでは、不安と恐怖の心理療法に焦点を当てつつも、臨床心理学の実践に共通する流れを説明してきます（岩壁、2020）。

クライエントさんとの関係性を構築する

心理療法は主に二つの探索的なプロセスから導入されます。一つは、クライエントさんとの関係性を深めていくこと、もう一つはクライエントさんの抱えている問題を探っていくことです（図2-5）。ところで、私は師匠、つまり大学と大学院の指導教員にあたる先生から、常にクライエント「さん」と、敬称をつけて呼ぶようにと指導を受けてきました。「クライエントが……」と言うと、上から目線になってしまう恐れがありますし、心理療法はお互いを尊重した関係の上に成り立つ共同作業だからです。というわけで本稿でも「クライエントさん」の表現で通します。

どのような心理療法であっても、最初はクライエントさんとの関係づくりが大切にされます。ここで強調されるのは、相手の話を積極的に聞く（聴く）という方法です。これは、傾聴《けいちょう》と呼ばれます。傾聴というのはただ機械的に相手の話を聞けばよいというものではありません。相手が真剣に自分の話を聞いているのか、そうではないのか態度から伝わることはありませんか。その裏側にある聞き手の態度は必ず透けて見えるものです。

相手の話を聞く際のポイントは三つあります。まずは、共感的に理解しようと努めることです。相手のものの見方・感じ方を通して相手を理解しようと努力します。次に、受容的な姿勢で臨みます。これは、「無条件の肯定的関心」とも呼ばれ、発言の良し悪しや正しいか否かという評価を挟まず、相手の言っていることをまずはありのまま受け容れることになります。最後に、自己一致している必要性があります。これは支援する側が自分自身に正直であることが求められるということです。純粋性や誠実性と言い換えることもできます。

少しわかりにくいかもしれませんので、例を挙げて説明したいと思います。たとえば、高価なアニメのフィギュアをたくさん集めたり、スマホゲームにたくさん課金したりしていることで相談に来たクライエントさんがいます。相談を受けているあなたはそれらに興味がありません。かといって、もし非難したり、否定的な言葉を投げかけたりしたらどうなるでしょうか。あるいは、言葉には出さなくても眉をひそめたり、渋い顔を見せたりしたらどうなると思いますか。クライエントさんは相談したという気持ちにならないですよね。逆に、自分は興味がないのに「それは素晴らしい趣味ですよね」等と言ったら空虚に聞こえるでしょう。誠実なカウンセラーであれば、「どのくらいの価値があるのですか?」「そのガチャを引くとどんなキャラが手に入るのですか?」という質問を投げかけることと思います。あるいは、「そのアニメ(ゲーム)をよく知らないので教えてもらえますか?」と、クライエントさんが何故その趣味に興味を持ったのか純枠に関心を払うことでしょう。

クライエントさんに向き合う際に大切にされる共感、受容、自己一致という三つの態度は、ロジャーズによって提唱されました（Rogers, 1957）。現在では、この基本的な態度は、カウンセリングや心理療法にかかわらず対人援助を行う心理の専門職に必要不可欠なものであると考えられています。特に、不安や恐怖で困っているクライエントさんは、「心理相談とはどんなものだろうか？」「どんな人が話を聞いてくれるだろうか？」と心配していることがほとんどです。そのため、クライエントさんと信頼関係を築けるように努力することは非常に大切です。クライエントさんとセラピストの間で治療同盟（作業同盟）を結ぶことが支援の第一歩になります。

「心」は読まなくてよい

カウンセラーは、「心を読む」ことができるのではないかと勘違いしている人は少なくありません。少ないヒントから相手の考えていることをピタリと言い当てる。これは、エンターテインメントとしては問題ありませんが、心理の専門職が実施すべきことではありません。むしろ、優秀な人であればあるほど、すぐに結論には飛びつかず丁寧に情報を集めてクライエントさんの抱えている問題をより深く探っていこうとするでしょう。このような手続きを心理アセスメントと呼びます。

面接法・検査法・観察法

面接法では、会話などを通じて詳細な情報取集を行います。特に、導入時に行われる面接をインテーク面接と呼びます。インテーク面接では、クライエントさんの主たる訴えである主訴を中心として、家族の構成や、生まれてからの育ちの様子、現在の問題に至った経緯、そして来談のきっかけなどさまざまな情報を収集します。面接では自由に語ってもらうだけではなく、ある程度構造化された方法を用いる場合もあります。この方法を半構造化面接と呼びます。半構造化面接は、ある程度質問すべき内容が事前に設定されている一方で、担当者の裁量でその順番や質問の深度を比較的自由に設定できるので、クライエントさんの問題を漏れなく効率的に聞き取ることができます。こちらは、研究でも使われますので、後で紹介したいと思います。

心理アセスメントには検査法も用いられます。知能検査や発達検査のように心理の専門職が1対1で実施するものや、紙と鉛筆を使っていわゆるアンケート形式のような形で回答する質問紙まで幅広く開発されています。みんなで和気あいあいと楽しむ、いわゆるエンターテインメント的な『心理テスト』（「この形が財布に見えたあなたは倹約家である」などと断言するあれです）と異なるのは、心理統計学的に基づいて開発されているという点です。

一つの心理検査を作成するには、計画から発表まで少なくとも一年以上はかかりますし、数十年にもわたってデータが蓄積されているものもあります。不安や恐怖というのは主観的な体験ですから、クライエントさん自身がどのように苦しんでいるのか、質問紙を通じて報告してもらう必要があります。質問紙には、何点を超えると不安が高いと考えられるような得点基準が示されていることがあります。これを参照することで、クライエントさんがどのような不安を強く感じているのか、どんな対象に恐怖を感じやすいのかという目安を知ることができます。子どもの場合は本人だけでなく、親や学校の先生に答えてもらうような他者評価の質問紙も開発されています。

最後に観察法についても触れたいと思います。たとえば、学校に行くことに不安を感じている中学生に、「学校はどうですか?」と尋ねたときに、「普通です」と答えた後で、目をそらして下を向いたら、どう思いますか。非言語コミュニケーションは有力な情報になりますので、常にクライエントさんの様子を注意深く観察しておく必要があります。幼い場合など言語能力に限りがある場合も行動観察は有用です。犬が怖いという子どもに対して、実際にどのくらいまで犬に接近することができるのかを試してもらえば、恐怖の程度を測定することができます。年長者でも同様です。たとえば、「自分のスピーチはひどい。いつも口ごもってしまって、全く相手に伝わらない」と相談に来たとします。ここで、熟練のセラピストはすぐにその言葉を鵜呑《うの》みにはしません。なぜなら、人前でのパフォーマンスに不安を感じている人には、実際にその技能が苦手な人と、周りから見たらそのように評価されていないのに、自分がそう思い込んでいる人の二通りのタイプがいるからです（Cartwright-Hatton et al., 2005）。後者は先ほど情報処理で紹介した考え方に偏りがあるタイプということですね。そこで実際にスピーチをしてもらい、その様子を行動観察することができれば、スピーチの練習をした方が良いのか、それとも、不安にさせている思い込みの方を検討した方が良いのかを探ることができます。

計画を立てて行動に移していく

クライエントさんと治療同盟を結ぶことができ、心理的アセスメントによって情報を集めていくことができたなら、実際にどのような支援をしていくかの計画を立てることになります。この作業のことをケースフォーミュレーション（事例定式化）と呼びます。この作業は探偵が謎を解くのに似ています。相談に来ているクライエントさんは、困っていることを解決できない、つまり自分にまとわりついている謎を解き明かすことができていないわけです。そこで、セラピストはクライエントさんと協力して、ヒントとなる証拠を一つ一つ拾っていきます。そして、その情報を多面的、総合的に考えることで、この謎を解き明かすことを目指します。

ある程度の謎が解けてきたら、実際に問題を解決するために行動を起こしていきます。解決のための具体的な行動は、心理療法の具体的な技法に沿って提案されることになります。不安や恐怖の問題に困っているクライエントさんに、どのような技法を提案したら良いのか。その問いは簡単なものではありませんが、この際にも臨床心理学的な研究が役に立ちます。心理療法の効果を調べる研究のことを効果研究と呼びます。そしてその成果が蓄積されることで心理療法の効果についての証拠、すなわち「エビデンス」が明らかになっています。つまり、どのような技法を適用すると効果が得られるのかわかっているのです。

例をお示ししましょう。同志社大学心理臨床センター（http://pscenter.doshisha.ac.jp/）では、不安や恐怖の問題をもつ子どもさんのための不安教室の効果研究を行っています（Ishikawa et al. 2019）。この不安の教室は、認知行動療法（CBT: Cognitive Behavior Therapy）という心理療法を基盤に開発されています。なぜなら、世界各地で行われている効果研究の成果として、子どもの不安の問題については、認知行動療法の技法を実施することが推奨されているからです（National Institute for Health and Care Excellence, 2013; Society of Clinical Child and Adolescent Psychology, 2017）。図2-6は、考え方の偏りについて説明した不安の教室で使われるテキストの一例です。

図2-7（五六ページ）はその成果をまとめたものです。グラフのパーセントは相談

の主訴となる不安の問題からの改善率になります。高くなればなるほど効果があるということになります。認知行動療法に参加したグループの半分（五〇％）が主たる不安の問題から改善しているのに対して、まだ参加していない子どもでは一二％であり差がみられました。

さらに、不安の教室に参加した全員のデータを合算すると、三カ月後、六カ月後と効果を維持しています。特に、終了後半年では、六六％以上の子どもが主たる不安の問題が見られないことがわか

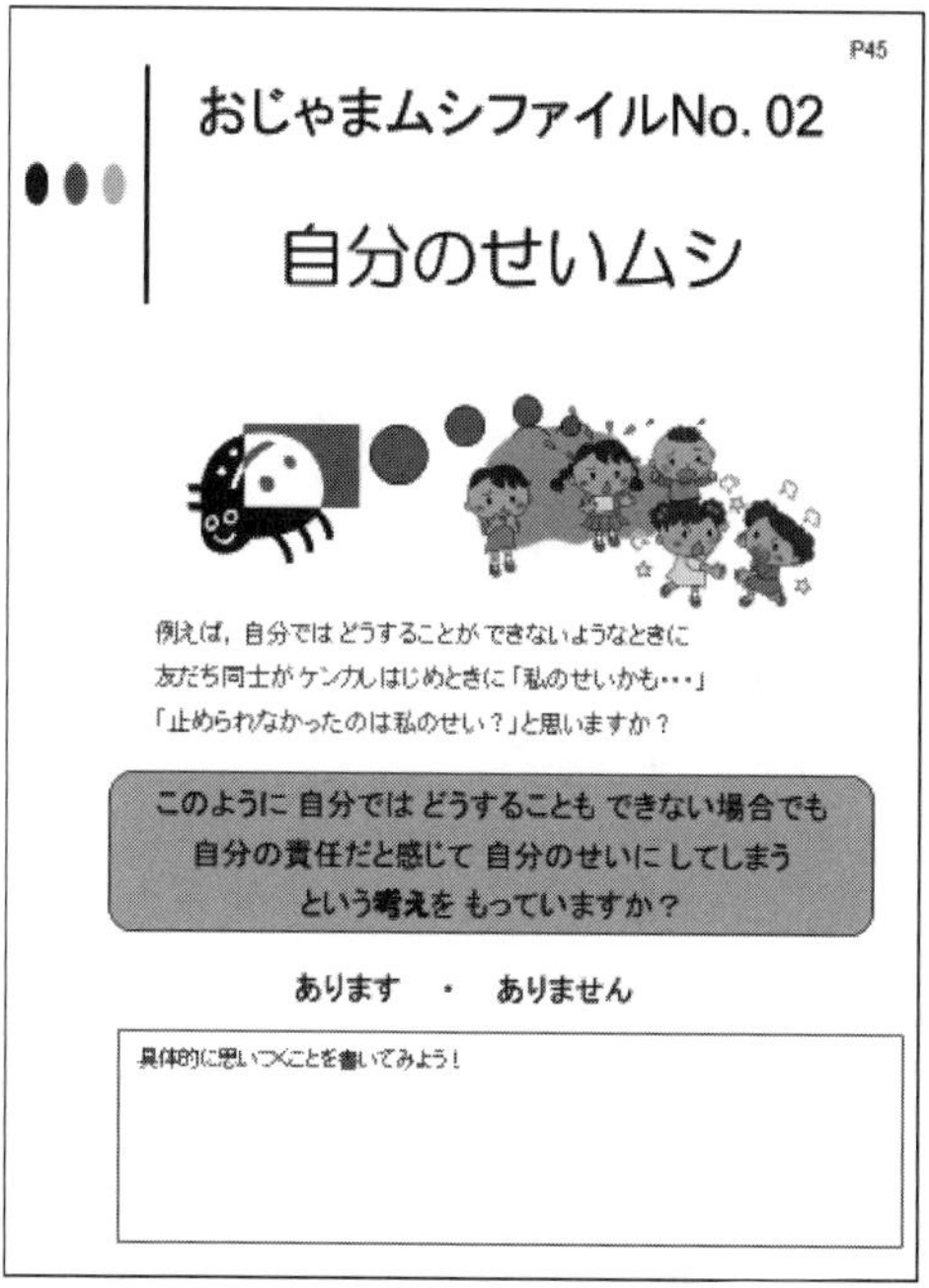

P45
おじゃまムシファイルNo. 02
自分のせいムシ
例えば，自分では どうすることが できないようなときに
友だち同士が ケンカしはじめときに「私のせいかも・・・」
「止められなかったのは私のせい？」と思いますか？
このように 自分では どうすることも できない場合でも
自分の責任だと感じて 自分のせいにしてしまう
という考えを もっていますか？
あります ・ ありません
具体的に思いつくことを書いてみよう！

図２－６　不安の教室で使われるテキストの一例

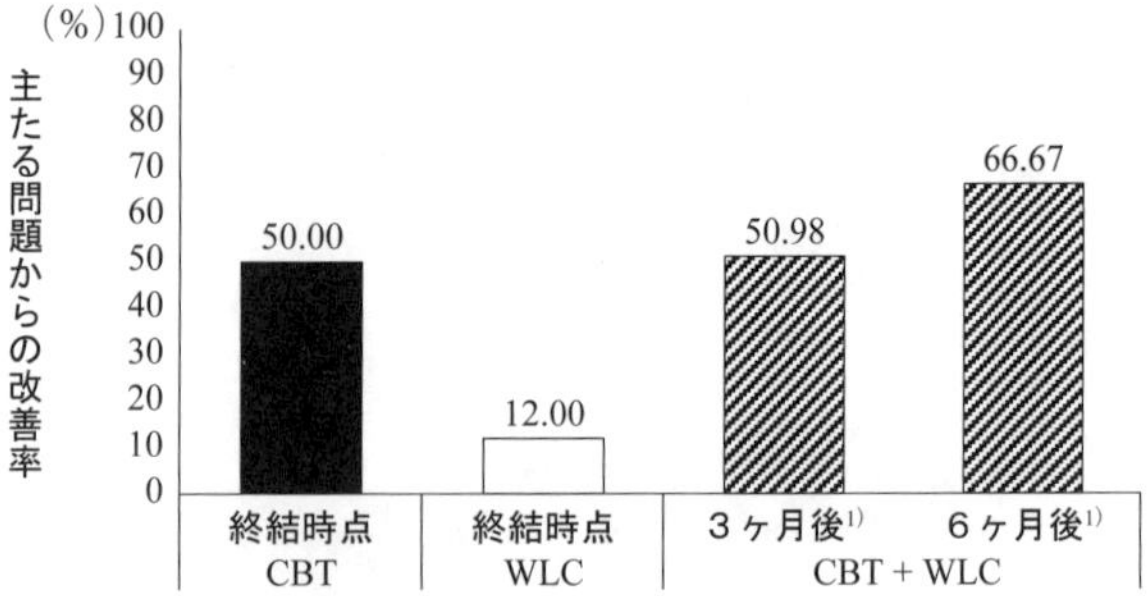

CBT＝認知行動療法群（Cognitive Behavior Therapy）:
終結時点で認知行動療法に参加し終わっているグループ
WLC＝待機コントロール群（Wait-List Control）:
終結時点ではまだ認知行動療法に参加していないグループ
1）３ヶ月，６ヶ月時点では CBT と WLC の両方とも認知行動療法に参加し終わっている

Ishikawa et al.（2019）を参考に作成

図２-７　不安や恐怖の効果研究の成果

っています。この結果は、世界中の効果研究と遜色《そんしょく》ないことが確認されています(James et al., 2013)。

ここでの効果の判定には、心理の専門職が評価者となって実施する半構造化面接が活用されています。つまり、研究開始前だけでなく、効果の判定にも面接を使っているのです。ここでのポイントは、評価者は目の前の子どもが不安の教室に既に参加しているかどうかを知らないということです。この手続きをブラインドといいます。これによって、「この子は不安の教室を終えているから良くなっているはず」というような期待の影響をなくすことできます。心理療法の効果の測定には、さまざまな心理アセスメントが使われますが、半構造化面接を用いたブラインド評定は代表的な方法の一つです。少なくとも、心理療法の効果とは、「なんとなく良くなった気がする」というような曖昧なものではないということが分かっていただけたでしょうか。

支援を一人一人に最適化する

同じ心理的問題を抱える人には、いつでも同じ支援方法で良いということはあり得ません。一人一人の個性に合わせた適用が求められます。先に述べたように遺伝的特徴から、生まれ持った気質、家族から文化といったさまざまな要因によって、不安や恐怖の特徴は変わってきます。心理療法はクライエントさんとセラピストの共同作業だと説明しましたね。なので、一方的、かつ機械的な支援方法では効果が期待できません。改めて三六ページの図2－1をご覧ください。臨床心理学は科学者としての視点と実践家としての実践の両方のバランスが必要だと説明しました。現在利用できる最良のエビデンスを、どのように活用できるかということが、臨床家としての腕の見せ所と言えるでしょう。

まとめ

この時間は臨床心理学の概要について不安や恐怖を例に取り上げて説明してきました。今日お話しした内容は、臨床心理学全体の一部に過ぎません。臨床心理学に関連した複数科目が心理学部には用意されていますし、本もたくさんあると思います。興味を持たれたら是非関連書籍などを読んでみてください。

第3章　感情心理学――表情は嘘をつくか？

藤村友美

感情と表情

「今日、一緒にお昼ご飯を食べない？」と友達にテキストメッセージを送ったとしましょう。「いいよ」とだけ返事が返ってきました。さて、あなたはどう思うでしょうか。「そっけないし、あまり乗り気じゃないのかな」、「いや、絵文字を打つ余裕がなかっただけで、本当は乗り気なのかも」と、いろいろなことを考えるかもしれません。たった三文字にあなたの思考は振り回されてしまいます。これが目の前に友達がいたとしたらどうでしょう。「いいよ」と返事をするときの、声のトーン、表情、視線といったさまざまな情報から、乗り気なのかどうか、スッと判断できると思います。

コミュニケーションの学術的研究においては、「いいよ」のようなテキスト文を言語情報、声のトーン、表情、視線などを非言語情報といいます。非言語情報には、発信者の気分や感情が含まれており、私たちはその情報を利用して円滑にコミュニケーションをとっています。なお、テキストメッセージでの絵文字は、テキストの形でなんとか非言語情報を伝えようとする手段と言えるでしょう。

今日の講義では、非言語情報の中から「表情」を取り上げます。顔は「心を映す鏡」と言われるように、私たちはじつにさまざまな表情で感情を表現するとともに、表情から相手の感情を理解しようとします。しかし、表情を見ただけで相手の感情が手に取るようにわかるわけではありません。むしろ私は、表情を研究すればするほど「表情だけでは人の心は分からないな」ということを実感しています。さて、それでは、私たちの感情と表情の関係に作用する心理的メカニズムとは何なのか、順を追ってみていきましょう。

メラビアンの法則

さきほどのお昼ご飯のお誘いの例からわかるように、私たちは言語情報と非言語情報を参照して相手の意思や気持ちを理解しています。

メラビアンという研究者は、対面のコミュニケーションにおいては、言語情報、声のトーン、身体情報（表情や姿勢）の三つの要素を通じてメッセージの内容が伝達されると考えました。日常場面ではこれらの要素が伝達する内容が必ずしも一致するとは限りません。メラビアンは、要素間で伝える内容が矛盾する場合にどの要素が優先されてメッセージが伝えられるのかを調べるために、二つの実験を行いました。

まず、快、不快、中性的な（＝快でも不快でもない）意味を表す単語を、それぞれ、快、不快、中性的な声のトーンで読み上げた声を録音しました（例えば、暗い声の「ありがとう」など）。そして、これらの声が向けられた人物に対する態度が好意的かどうかの評価を求めたところ、言葉の意味と声のトーンが表す感情が矛盾している場合は、声のトーンの感情が優先されて好意度が評価されることを示しました（Mehrabian & Wiener, 1967）（図3-1）。もう一つの実験では、声のトーンと表情の組み合わせ（例えば、笑顔で「たぶん」と怒った声で言う。「たぶん」の言語的意味は中性）を用いて、表情が表す感情は声のトーンのそれよりも約一・五倍優先されて好意度の評価に利用されることを示しました（Mehrabian & Ferris, 1967）。

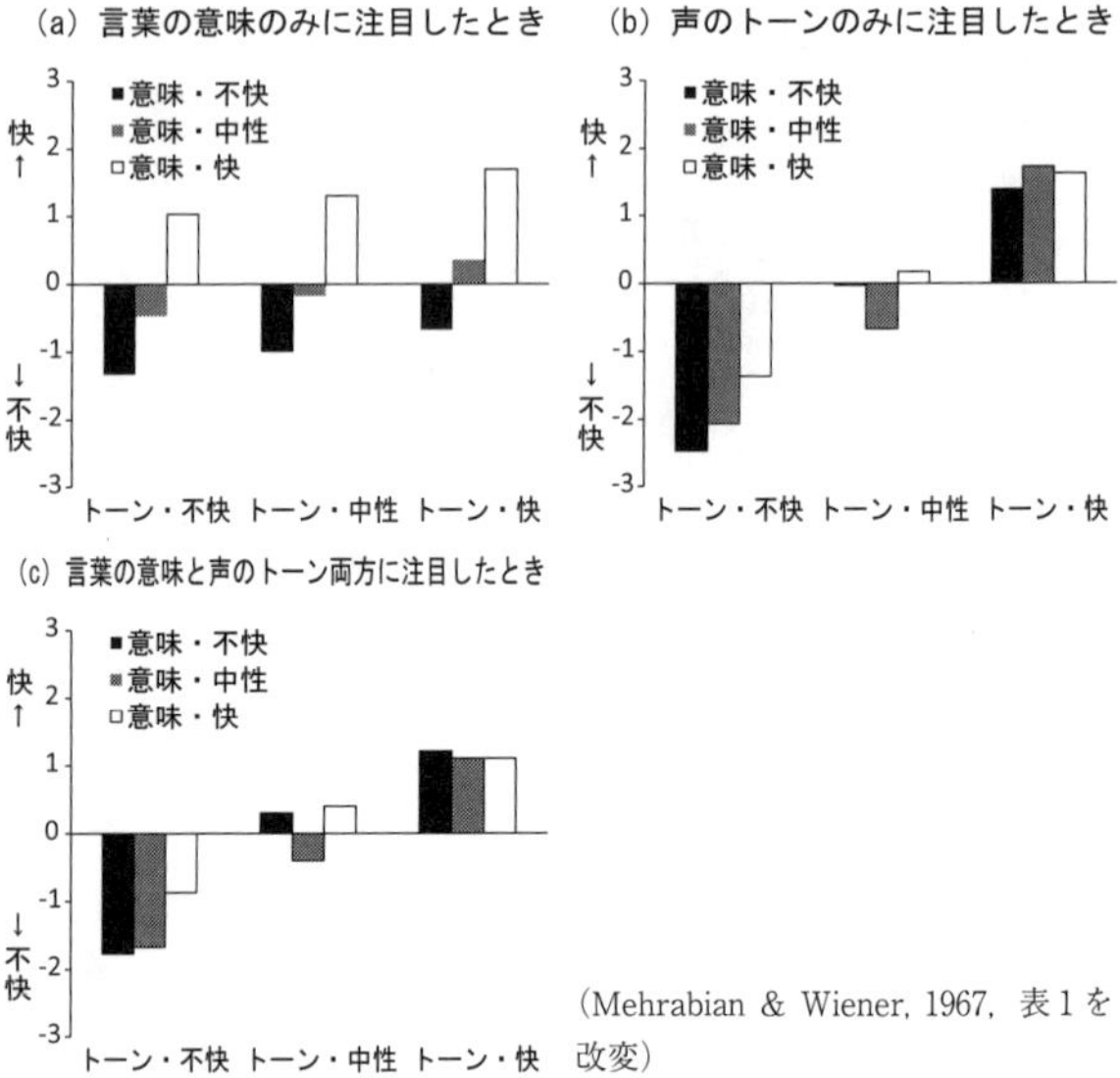

(Mehrabian & Wiener, 1967, 表1を改変)

図3-1　ある言葉が向けられた人物に対する態度評価

3がポジティブな評価，-3がネガティブな評価。言葉はその意味と声のトーンの感情的メッセージのさまざまな組み合わせからなる。言葉の意味と声のトーンの両方に注目した時の評価（c）が，声のトーンのみに注目した時（b）と類似した評価になっており，声のトーンの影響が大きいことがわかる。

メラビアンは、これらの結果から、三つの要素が伝達する意味が矛盾している状況では、メッセージが伝える内容は、表情＞声のトーン＞言語の順に優先されて相手に認識されると主張しました（Mehrabian, 1971）。さきほどのお昼ご飯のお誘いの例だと、言葉では「いいよ」と合意しているにもかかわらず、声が沈んでいたり、浮かない表情をしている場合は、非言語情報がネガティブな意味を伝えているので「乗り気ではない」と受け取られやすいということです。

この法則は「メラビアンの法則」とも呼ばれ、「コミュニケーションでは非言語情報が重要」、ややもすると「人は見た目が重要」という主張の根拠になっていたりします。しかし、ちょっと待ってください。メラビアンの法則を正しく解釈するためのポイントは二つあります。この法則が成立するための前提の一つは、言語情報と非言語情報が伝える内容が一致していないということ、もう一つは、メッセージの内容が感情や態度に関するものであるという点です。ですので、面接やプレゼンなど、自分の意図したメッセージを的確に伝達することが求められる状況で、メラビアンの法則を誤解して非言語情報のみに気を配るのは禁物です。声や表情で熱意を示しても、言語情報が伴っていなければ、あなたが有能であることを理解してもらうのは難しいでしょう。言語情報を推《すい》敲《こう》したうえで非言語情報による感情表現を隠し味として加えるのがよいですね。

メラビアンの法則に限らず、心理学の法則は日常生活に関わりが深いことから、独り歩きしてしまう傾向があります。巷《ちまた》に溢《あふ》れるさまざまな心理学の法則が実証的な研究に基づいたものなのか、研究結果を過大解釈していないかを見極めたうえで、活用することが肝要です。

表情の成り立ち

コミュニケーションにおいて、ときに表情は言葉よりも雄弁に語るということがわかりました。では、その表情はどのように作られて感情を表現しているのでしょうか。笑ったり、怒ったり、泣いたり、表情はさまざまに変化します。これは表情筋とよばれる顔面筋のはたらきによるものです。通常、筋肉は骨と骨をつないでいますが、顔面筋は骨と皮膚をつないでいるため、皮膚が変形して表情が作り出されるのです。このような筋肉を皮筋といいます。

ところで皆さんは、ウィンクはうまくできますか？　ちょっとやってみてください。私は全く得意ではありません。片目をつぶろうとしても顔が引きつったようになってしまいます。次は、口角の片側だけを上げてみてください。ニヒルな笑いという感じでしょうか。ウィンクよりもずっと簡単にできると思います。これは、顔面筋の神経支配のしくみが顔の上部と下部で異なるためです。

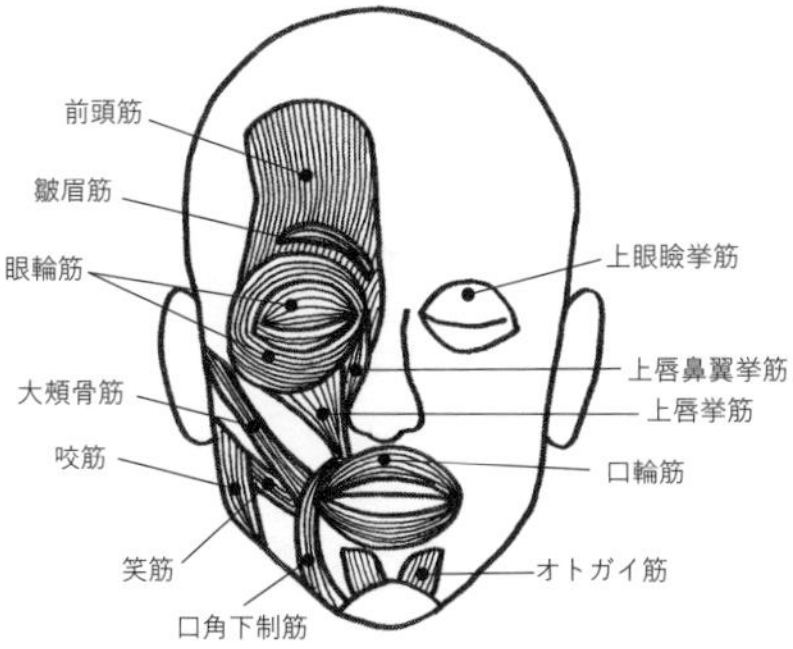

（『生理心理学と精神生理学　第2巻応用』北大路書房、2017年、p. 27より）

図3-2　感情表出に深くかかわる表情筋

私たちの身体器官（末梢《まっしょう》といいます）は、脳からの指令を受けて活動しており、脳の左半球は身体の右側を担当する、というように脳と身体が反対側の組み合わせになって制御機構が成り立っています。これを交差性支配といいます。一方、片側の脳半球が身体の両側（左右とも）を制御していることを両側性支配といいます。実は、口元など顔の下部は完全に交差性支配ですが、顔の上部に行くほど両側性支配の割合が大きくなっていきます。つまり目元や額は、「片側だけ」を自由に動かすことが難しいのです。ウィンクはできても額の片側だけ皺《しわ》を寄せられる人はそうはいないですよね。

さて、表情筋は（分類の仕方は様々ですが、いずれにせよ）約二〇個ありますが（Rinn, 1984）、感情表出に深くかかわる筋肉は図のとおりです（図3-2）。皺眉筋《しゅうびきん》は、眉を顔の真ん中に引き寄せるとき、大頬骨筋《だいきょうこつきん》は、口角を上げてぐっと頬を持ち上げるときに活動する筋肉です。筋肉の動きそのものは顔面上では見えないので、いろいろな表情の動きを定義するために開発されたのが、Facial Action Coding System（ＦＡＣＳ）です（Ekman & Friesen, 1978; Ekman, Friesen & Hager, 2002）。ＦＡＣＳはAction Unit（ＡＵ）という単位の組み合わせで表情を記述します。例えば、笑顔だと、ＡＵ６（頬を上げ上下の瞼《まぶた》に力を入れる）＋ＡＵ12（口角を上横方向に引く）で表すことができます。現在さまざまな表情解読システムが開発されています。その多くがＦＡＣＳの基準を採用しており、表情解読の一般的なモノサシといえるでしょう。

表情から感情を読み取ることはできるのか？

『ライ・トゥー・ミー』というアメリカのドラマを観たことがありますか？　日本でも放映されていたことがあります。このドラマの主人公は、表情分析の専門家として犯罪捜査に協力し、容疑者の嘘《うそ》を表情のわずかな変化から読み解いて事件を解決していきます。主人公のモデルとなった人物が、ＦＡＣＳを開発したエクマンという研究者です。

エクマンは、感情研究の大家とも呼ばれる人で、表情研究に大きな影響を与えました。彼は基本感情説という立場から、喜び、怒り、悲しみ、嫌悪、恐れ、驚きの六つの基本的感情は、文化を超えて普遍的であり、感情が生み出されるメカニズムは生得的に（生まれつき）プログラムされていると考えました（Ekman, 1972）。この理論では、基本六感情に対応した典型的な表情が定義されていますが、日常生活ではあまり目にすることが少なく（Russell, 1995）、日本人が自由に表情をつくると典型的な表情は見られないことも報告されています（Sato, Hyniewska, Minemoto & Yoshikawa, 2019）。どんな感情の時にどんな表情をするかということは、表情が表出された文脈や文化、個人差などの影響を受けることから、一義的に対応付けるのは難しいのです。

一方で、眉の筋肉（皺眉筋）の活動は、主観的な快－不快感情の程度と直線的な対応

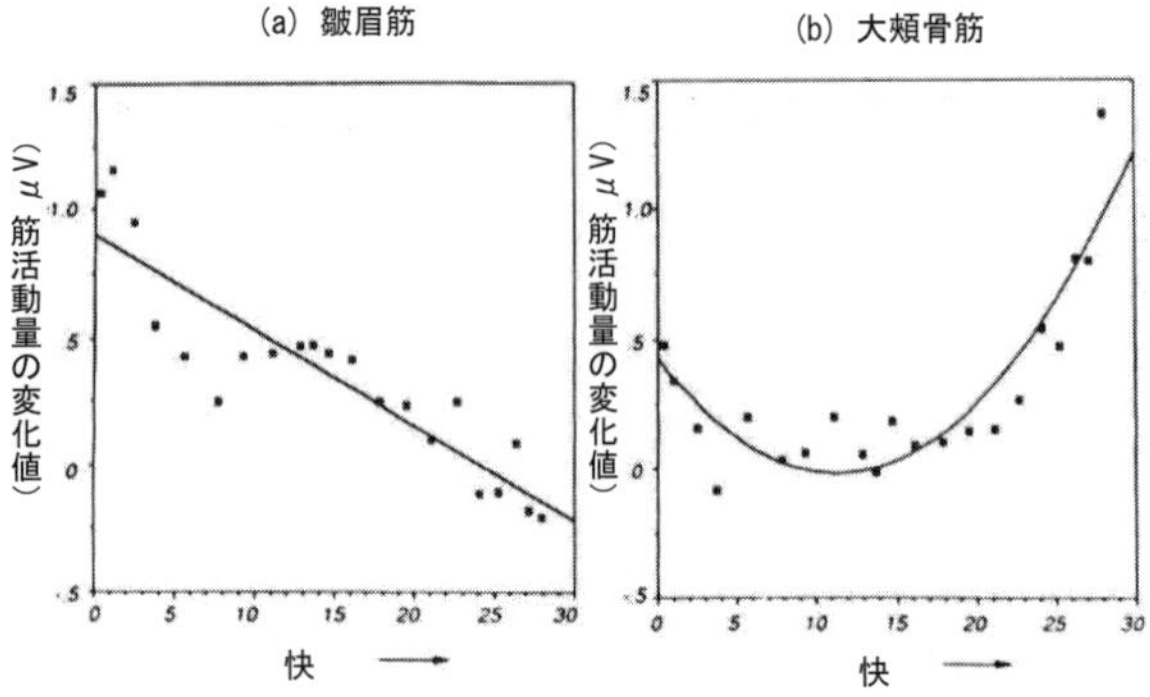

（Lang, P. J., Greenwald, M. K., Bradley, M. M., & Hamm, A. O.（1993）をもとに作図）

図３－３　快不快と筋活動量

関係にあることがわかっています（Lang, Greenwald, Bradley & Hamm, 1993）（図3－3）。頰の筋肉（大頰骨筋）の活動は直線的ではなくU字型になっているのが興味深いところです。みなさんも、リラックスすると眉のあたりの緊張がほぐれるのを感じることはないでしょうか。眉の筋肉の活動はポジティブな感情を経験すると弛緩《しかん》するのに対し、頰《ほお》の筋活動はネガティブな感情を経験しても弛緩しないということを示していると考えられます。表情の変化から、怒りや恐怖といった詳細な感情状態を特定することは難しいのですが、快か不快かといったレベルの判断は、眉の動きに注目することで可能かもしれません

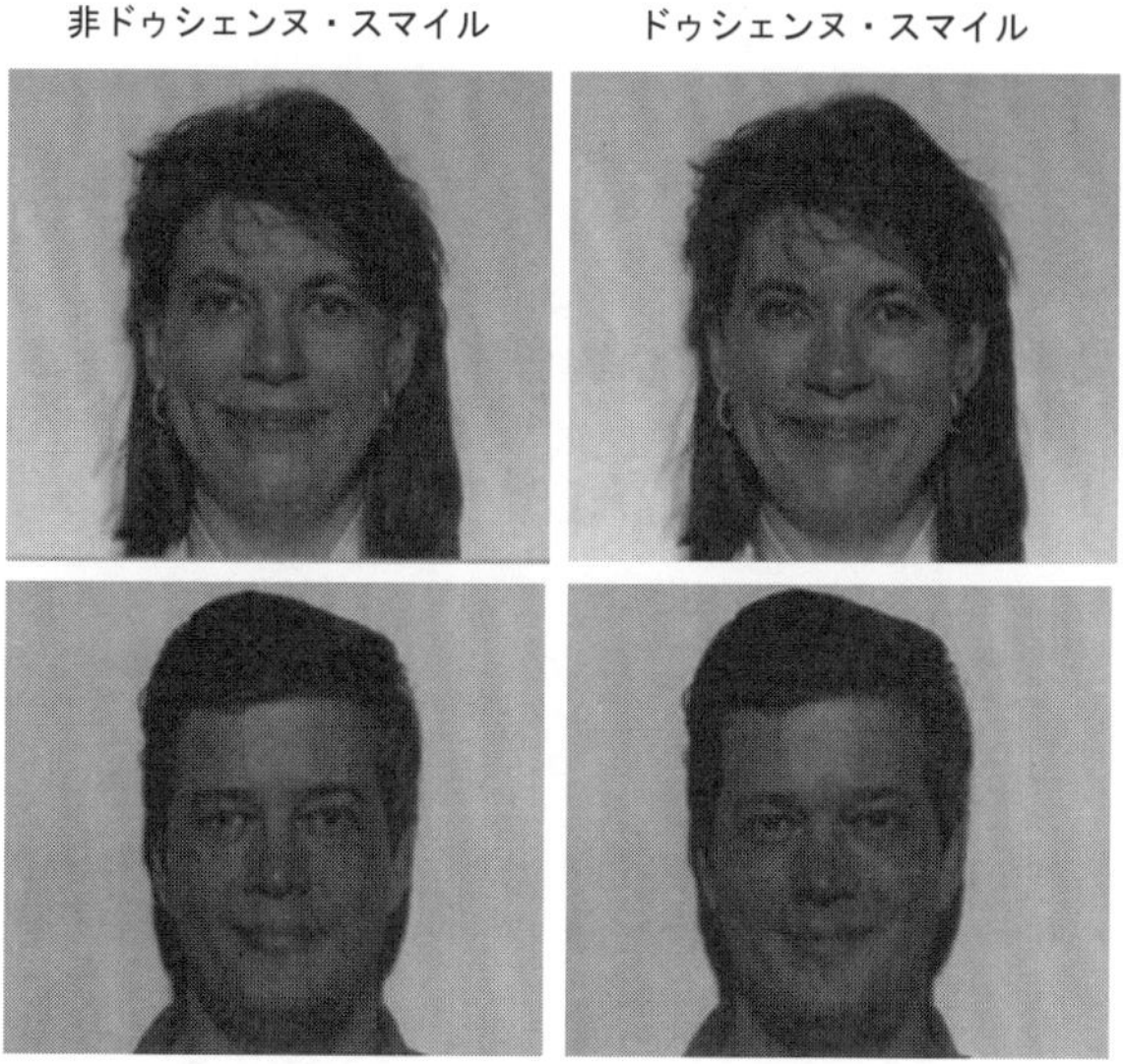

(Surakka, V., & Hietanen, J. K. (1998). Facial and emotional reactions to Duchenne and non-Duchenne smiles. *International Journal of Psychophysiology, 29*, 23-33. より) http://dx.doi.org/10.1016/s0167-8760(97)00088-3

図3－4　真実の笑顔は？

ね。

本当に心から笑っている？——演技した表情の見抜き方

勘のいい人はすでにお気づきかもしれませんが、顔面筋をある程度意識的にコントロールできるということは、表情で嘘をつくこともできるということですね。表情が嘘か本当か——演技かどうかを見抜くことはできるのでしょうか。

一九世紀のはじめ、フランスのドゥシェンヌという解剖学者は、表情を作り出している筋肉の解剖学的構造を調べるために、顔面に電気刺激を与えて顔の動きをつぶさに調べました。その調査の過程で、心から笑っているときは、頬の筋肉だけでなく、目元の筋肉が活動することを見出しました。これは、ドゥシェンヌ・スマイル（真実の笑顔）と呼ばれています（図3－4）。作り笑いに対して「目が笑っていない」という表現を使うことがありますね。実際、面白い映像を観ているときは、目の周りに「カラスの足跡」といわれる皺ができて、ドゥシェンヌ・スマイルが見られます（Ekman, Davidson & Friesen, 1990）。

ただし厄介なことに、真実の笑顔は「演技」することができるのです。意図的に笑顔を作ってもらうと、楽しい映像を観て笑っているときと同程度にドゥシェンヌ・スマイルが観察されます（Krumhuber & Manstead, 2009）。恋人からもらったプレゼントが期待外れなものでも、にっこりドゥシェンヌ・スマイルをつくって、その場をしのげそうな気がしますね。

しかしそう簡単にはいきません。表情を「読む」人側に立ってみると、その笑顔が本物かどうかという判断には、笑顔の目元の情報ではなく、笑顔に関する時間の情報や非対称性が影響することがわかっています（Krumhuber et al., 2009）。まるで、表情を出す人と読む人のいたちごっこのようですが、表情の変化の仕方や左右のバランスが、演技した表情かどうかを見抜くキーワードになりそうです。実際、相手をだまそうとしたときの喜びと嫌悪の表情の特徴を調べた研究では、本当の表情よりも表情が表れるスピードと消えるスピードが速いことを報告しています（Hess & Kleck, 1990）。あなたに向けられた表情が本物かどうかは、その表情がさっと現れ、ぱっと消えるのかどうかに着目してみるといいかもしれませんね。

表示規則

表情は演技できることから、「完璧な」心の映し鏡というわけではありません。表情は、誇張したり、抑制したりすることができますし、本心とは全く裏腹の表情で自分の感情を覆い隠すこともできます。例えば、遅刻して先生に注意されているときに、先生の後ろで友達が変顔をしてきても、笑いをこらえて神妙な面持ちを崩さないように努力しますよね。これは、どのような心のメカニズムによるものなのでしょうか。

エクマンたちのグループは、これは表示規則（display rule）によるものだと考えました。表示規則とは、どんな状況でどんな感情を表出するべきかというルールで、日常生活の経験によって学習されるものです（Ekman & Friesen, 1969; Ekman & Friesen, 1975）。

二〇〇四年のアテネ・パラリンピックの柔道競技において、視覚障がいのあるメダリストの表情を分析した研究があります（Matsumoto & Willingham, 2009）。（1）メダル獲得決定の試合直後、（2）メダルをもらう瞬間、（3）授賞台に立っている時、それぞれの状況について、金・銅メダリストと銀メダリストに分けて、笑顔が観察される割合を調べました。結果を解釈する前に、なぜ金（一位）と銅（三位）が一つの群として扱われているのか考えてみましょう。これは柔道がトーナメント方式であることにヒントがあります。金メダルは決勝戦で、銅メダルは三位決定戦で「勝って」獲得するメダルですが、銀メダルは決勝戦で「負けて」獲得するメダルだからです。実際の順位よりも、メダル獲得直後の選手の感情に着目した群分けといえます。

結果は、金・銅メダリストは、どの状況でも七割以上の選手が笑顔を見せていたのに対し、銀メダリストは、試合直後は笑顔を見せていた選手は全くいなかったにもかかわらず、メダルをもらう瞬間は八五%、授賞台に立っているときは五四%の選手が笑顔を見せていました。さらに、メダルをもらう瞬間は、銀メダリストのほうが金・銅メダリストよりも目元が笑っていない非ドゥシェンヌスマイルを見せたことを報告しています（図3-5）。つまり、銀メダリストは、本当は悔しいけれども、授賞式という公的場面だからこそ、笑顔を見せていたと解釈できます。

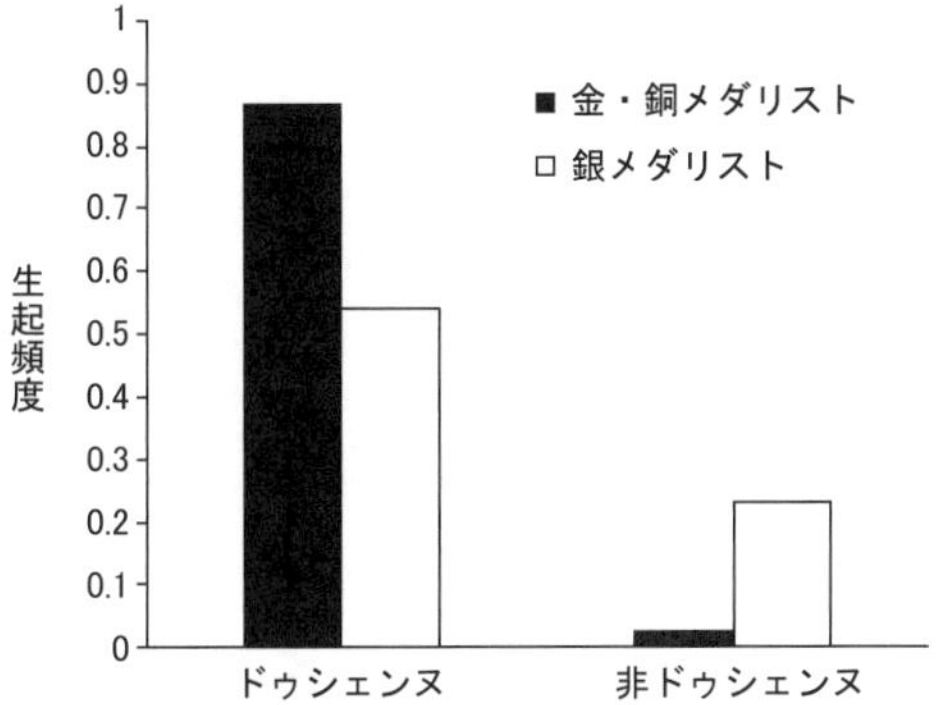

（Matsumoto, D., & Willingham, B.（2009）をもとに作図）

図3-5　メダリストの笑顔

また、この研究の示唆深い点は、視覚障がいのある人において表示規則がみられたということです。表情表出のパターンは完全な視覚

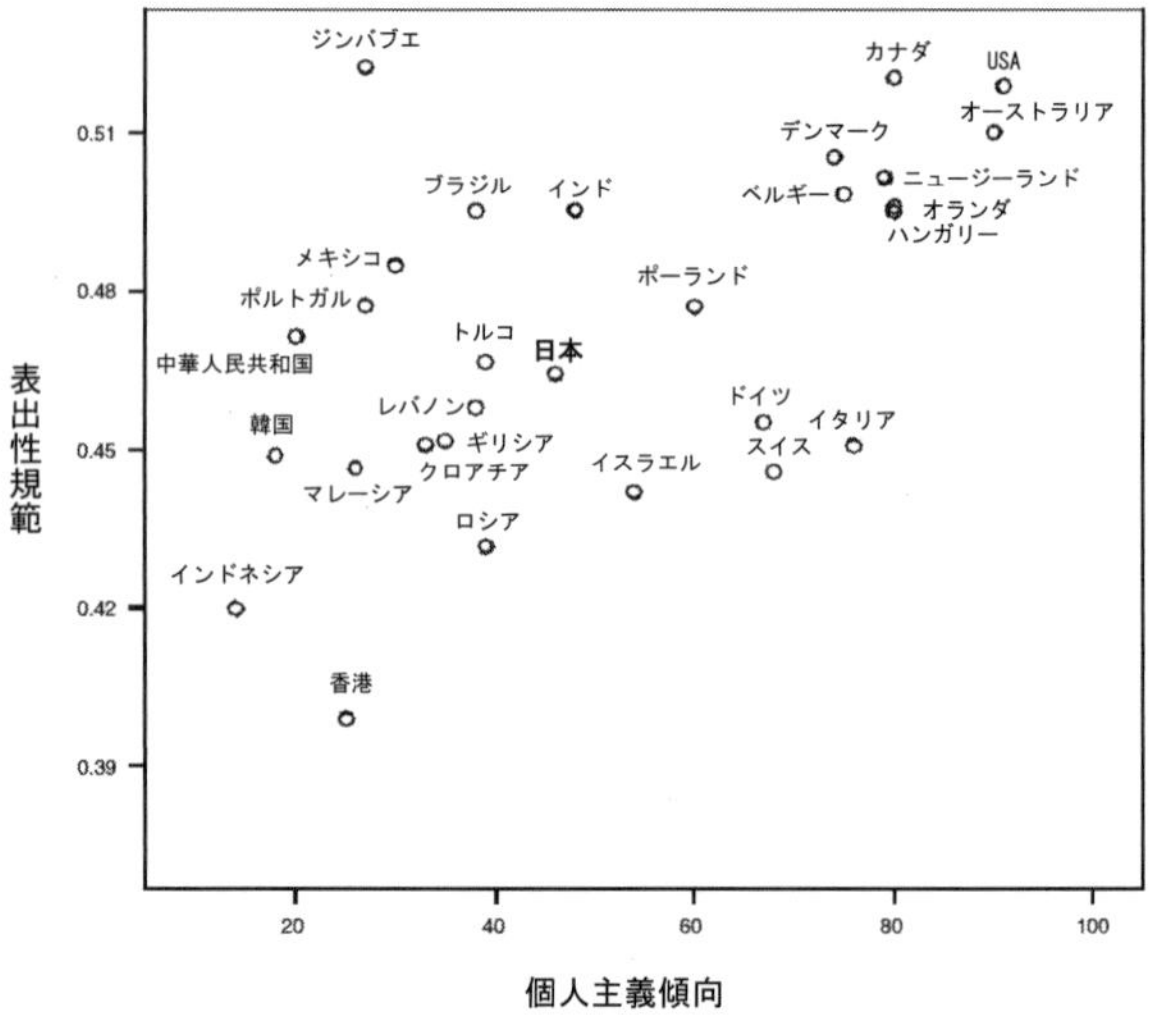

（Matsumoto, D., Yoo, S. H., & Fontaine, J.（2008）をもとに作図）

図３-６　国別の表示規則

的学習経験によるものではないということを示しているといえるでしょう。

　また、表示規則はその文化の習慣や考え方によって異なります。マツモトらのグループは、三二か国を対象とし、集団主義と個人主義に注目し、表出性の規範（感情を表出すべきという信念）との関連をアンケートで調べました（Matsumoto, Yoo & Fontaine, 2008）。その結果、個人主義傾向が高い国ほど、全般的に表出性の規範が高く、とくに喜びや驚きの感情で顕著であることを見出しました（図3‐6）。個人主義傾向が高い人ほど外向的であることから、ポジティブな感情や、自分の覚醒状態の高まりを示す驚きの感情を表出すべきだと考えていることが理由の一つとして考えられます。逆に集団主義傾向が高いほど悲しみの表出性の規範が高いこともわかっています。また、日本人は感情を表出しないと思われがちですが、アジア圏の国々の中では表出性の規範は比較的高いことがわかります。このように、表情は、わたしたちの気持ちや感情をそのまま伝えているとは限らず、その人物が置かれた状況や、表出に関する信念に基づいて、誇張されたり抑制されたりしているのです。

行動生態学的アプローチ

あるファーストフード店のメニューに「スマイル0円」という表記があります。店員さんに「スマイルください」と言うとニコっと笑顔が提供されるというものです。店員さんは、心から笑っているわけではなさそうですが、無表情で接客されるよりも笑顔のほうがうれしいですよね。営業スマイルとわかっているのにどうして気分がいいのでしょうか。

これは笑顔が、相手への「親しみ」（親和性といいます）を示す信号としての役割も果たしているからだと考えられています。日常場面のどのような状況で笑顔が表出されるのかを調べた研究では、ボウリングをしている人は、スペアやストライクを出した時よりも、一緒にボウリングをしている友人と対面している時のほうが、笑顔を頻繁に見せることを明らかにしています（Kraut & Johnston, 1979）。つまり、「うれしい」という個人的な感情経験よりも、友人の存在によって笑顔が引き出されているということです。これは、「他者と良い関係性を築きたい」という社会的動機のはたらきによって、親和的な意味をもつ笑顔を表出していると考えられています。

このように、表情の社会的機能を重視する立場を行動生態学的アプローチといいます（Fridlund, 1991; Fridlund, 1994）。行動生態学とは、進化論に基づいて生体の行動や生態を理解しようとする学問です。すなわち、行動や生態が、適応的かどうか、生体の生き残りに有益かどうかという視点でその機能を説明しようとします。

生まれたばかりの赤ちゃんは、生後数時間でにっこり微笑むような表情を見せます。

これを新生児微笑といいます（Wolf, 1959）。赤ちゃんはうれしくて笑っているわけではなく、単なる筋肉の反射だと考えられています。私は息子を出産した直後、新生児微笑をこの目で確かめようと、かなり真剣に息子の顔を覗《のぞ》いていました。すると息子が目を閉じたままにっこり微笑むような表情を見せた瞬間、「笑っている！　かわいい！」と思わずにはいられませんでした。反射だと知っているのに、です。赤ちゃんの笑顔というのは無条件にかわいいものです。人間の赤ちゃんは生まれた直後は、当然ながら一人では生き延びることができず養育者からの援助を必要とします。行動生態学からの観点では、新生児微笑は、周囲の大人からの養育行動を引き出すために、私たち人間に備わっていると解釈することができるでしょう。

笑顔が親和性を示すように、悲しみは心身の苦痛を、怒りは攻撃性を、相手に伝えることができます。それを理解した相手は、なぐさめたり、その場から逃げ出したり、対処行動をとることが可能になります。自分の感情状態を他者に知らせることは、社会的な生き物である人間にとって、生存に有利にはたらいたと考えることができます。現代を生きる私たちにとって、表情は、コミュニケーションひいては人間関係をうまく構築するための潤滑油になっているといえるでしょう。

顔面フィードバック仮説

ここまで、コミュニケーションにおける表情のやりとりに関するお話をしてきました。最後に、表情を表出することが、あなた自身にどんな影響があるのか一例を説明します。「笑顔になると気持ちも明るくなる」という話を聞いたことはないでしょうか。エクマンの師匠でもあるトムキンスという研究者は、表情をつくることでその感覚が脳にフィードバックされて、主観的な感情が生み出されると考えました（Tomkins, 1962）。これを、顔面フィードバック仮説といいます。

ストラックという研究者は、顔面フィードバック仮説を実証するためにペンテクニックという方法で笑顔をつくらせて、漫画の面白さ評定に変化が見られるかを調べました（Strack, Martin & Stepper, 1988）。ペンテクニックとは、ペンを歯で噛《か》み、唇が触れないようにし、自然と口角が上がった表情にするものです（笑顔条件）。もう一つの条件は、ペンを唇でくわえるようにします。こうすると、口がすぼまって口角はあがりません

（統制条件）。この二つの状態で漫画を読んでもらいました。その結果、笑顔条件のほうが、漫画がより面白いと評定されたのです。

実はその後、顔面フィードバック仮説に関して、一七の追試が行われ、「ペンテクニックでは主観的な面白さは変化しない」という結論が導かれました（Wagenmakers et al., 2016）。このように複数の研究の結果を統合し、一つの仮説を検証しようとするデー

(a) ペンテクニック

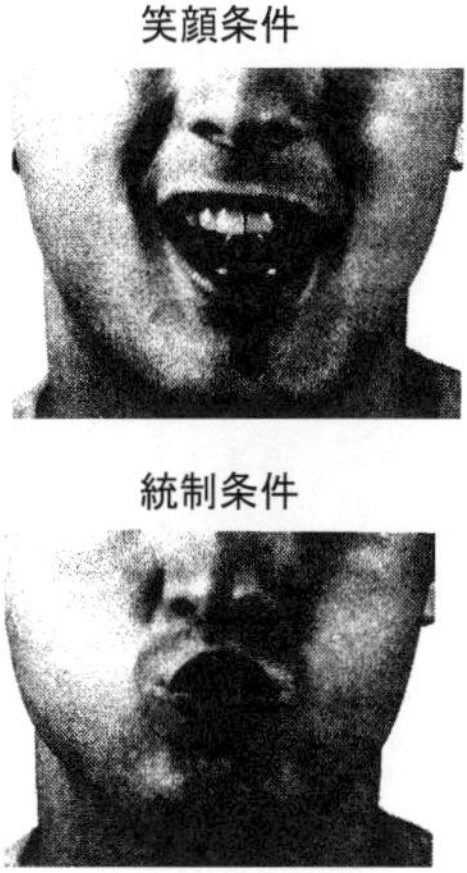

（Strack et al., 1998, 図1より引用）

(b) ビデオあり・なし条件においてペンテクニックによる笑顔が漫画の面白さに及ぼす影響

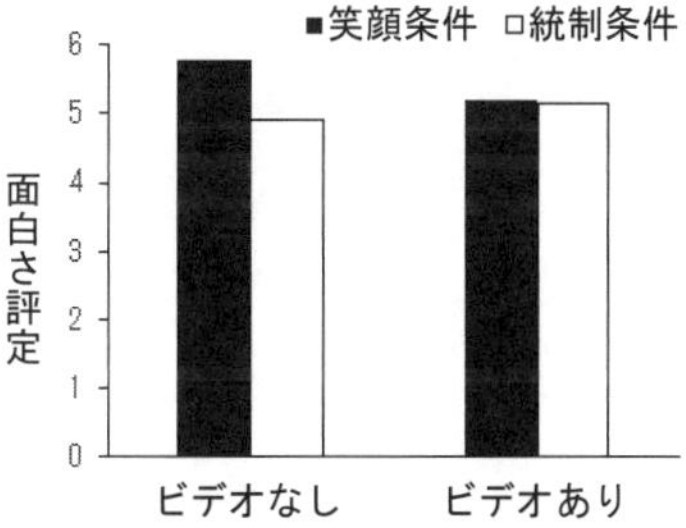

（Noah et al., (2018) をもとに作図）

図3-7　顔面フィードバック仮説

タ分析方法を、メタ分析といいます。しかしこの検証にはまだ続きがあります。ノアという研究者らのグループは、ストラックの実験と一七の追試との実験状況における「ある違い」に気づき、ストラックと全く同じ手続きをとることで、顔面フィードバック仮説を支持する結果を再現することができました（Noah, Schul & Mayo, 2018）。さて、この違いとは何だと思いますか？　実は、追試では、記録に万全を期して実験の様子をビデオ撮影していたのですが、ストラックの研究ではビデオ撮影していなかったのです。ノアらの研究では、参加者の目の前にビデオカメラを設置し、ビデオ撮影する条件とビデオなし条件で実験を行ったところ、ビデオなし条件においてのみ、笑顔条件のほうが統制条件よりも漫画の面白さの評定が高くなったのです（図3－7）。ではなぜ、ビデオ撮影すると顔面フィードバックの効果が消えてしまうのでしょうか。理由の一つとして、ビデオ撮影されていると「観察されている」という意識が高まって、自己を客観視するようになり、内面で生じる感覚フィードバックに気づきにくくなるということが考えられます。これによって結果的に、笑顔条件でも統制条件でも面白さの評価に違いが見られなくなったのかもしれません。とてもシンプルな仮説と実験条件ですが、結論に至るまでにじつに三〇年かかりました。この一連の研究は、ちょっとした実験状況の違いが、結果に大きな影響を及ぼす可能性があることを教えてくれます。

顔面フィードバック仮説は、漫画などの感情的な評価（面白さの評価）では確認されていますが、その人自身の感情経験（うれしさ、悲しみなど）に及ぼす影響についてまだわかっていない部分が多いのです。それは参加者に表情をつくってもらうと、参加者に「感情についての実験なのだな」と知られてしまい、それによって感情経験を実際よりも強く評価してしまう可能性があるからです。このように実験の意図を知ることが結果に影響を及ぼすことを実験者効果といいます。ともかく、「口角を上げる」というとても単純な動きが課題の面白さの評価に影響するというのは日常場面でも簡単に応用できそうですね。気分が乗らない勉強も笑顔で取り組めば、楽しめるようになるかもしれません。

おわりに

今日の講義では、表情は意識的に演技できるだけでなく、無意識的にも文化や慣習、他者の存在など社会的な要因によって調整されているということを学びました。もちろん、表情は、うれしい、悲しいといった心の状態によっても変化しますが、その他の複合的な要因が関与した結果が、あなたの目の前にある表情なのです。表情は、その人自身の心の状態だけでなく、他者や外界との関係も映した鏡といえるかもしれませんね。友達、家族、先生、コンビニの店員さん、ドラマの中の俳優など、いろいろな人の表情について、その場の状況やあなたとの関係を考えながら、じっくり観察してみてください。

第4章　犯罪心理学——「普通の人」が暴力をふるう時

毛利真弓

誰にも身近な問題

今日の授業では、非行・犯罪を理解するのに重要な「暴力」の概念についてお話ししましょう。

まず踏まえておいていただきたいのは、多くの非行・犯罪行動は、俗にいう「サイコパス」のような一部の人が起こす異常行動ではないこと、つまり「犯罪心理学」は「異常心理学」ではないということです。その上で非行・犯罪行動を理解するキーワードのひとつとして、「暴力」を取り上げていきます。「暴力」のテーマは社会にいる誰もが加害者にも被害者にもなりうるものであり、すべての人に知っておいてほしいことでもあります。

暴力と聞くと、自分とは無縁な世界で起きている怖い出来事と思うことも多いようですが、実際には違います。内閣府が三年ごとに行っている男女間における暴力に関する調査によると、女性の四人に一人、男性の五人に一人には配偶者から被害（身体的暴行、心理的攻撃、経済的圧迫、性的強要）を受けたことがあり、命の危険を感じたことがある人は八人に一人に上ります。交際相手からの暴力は、女性の六人に一人、男性の一三人に一人が被害を受けたことがあり、特定の相手からの執拗《しつよう》なつきまといは、約一三人に一人が受けたことがあるとされています（内閣府、2021）。

多くの人が経験しているという事実と同時に重要なのは、それが身近な人から行われているということです。児童虐待の対応件数も毎年増え続けているほか（厚生労働省、2021）、「凶悪犯」と分類される犯罪のうち殺人、強制性交等、暴行、傷害、恐喝の被害者の半数以上が、親族か面識がある人から加害を受けています（法務総合研究所、2021）。

世界は暴力だらけ

暴力には様々な定義がありますが、ここでは、関係性における暴力に着目した藤岡（2008）に基づいて「自分の欲求や感情を、相手の欲求や感情を無視し、より強力なパワーを背景に、一方的に押し付ける行為」とします。つまり、殴る蹴るという手段に関係なく、自分と他者という二人の独立した人間の間で、片方が片方の権利を侵害することを指します。

暴力を考える時には「境界線」という概念を理解する必要があります。ここでいう境界線は、私たち一人一人が安心・安全に過ごすために引かれている見えない線のようなものとイメージしてください。境界線には「身体的・物理的境界線」「心理的境界線」「社会的境界線」の三つがあります。普段私たちは、同意なく誰かの体を触ったりしないし（身体的・物理的境界線）、話しづらそうにしている人に「何があったの」としつこく詮索しませんし（心理的境界線）、信号は赤で止まるなどのルール（社会的境界線）を守っています。境界線を越える時は、断りを入れて同意を取ります。それがない行為、例えば筆記具を忘れたと言って隣に座っている人のペンケースに突然手を入れたり（身体的・物理的）、体重を気にしている人に「太ったんじゃない？」と伝えて笑ったり（心理的）、信号を無視して横断歩道を渡る（社会的）、というのは、境界線の侵害とみなします。とはいえ、生きていれば、境界線の侵害は多々起こります。道ですれ違いざまにぶつかってしまう、喧嘩《けんか》で口が滑って言いすぎてしまう、急いでいて信号を無視するなどです。

暴力は、この境界線の侵害が、「強力なパワーを背景に、一方的になされる」ことを指します。パワーとは、身体的な力の強さだけでなく、社会的・心理的立場の差も指します。親子、上司と部下、男女（男女ではどちらがパワーが上になるかはそのペア次第です）、友達同士ですらパワーの差は生じえます。「いじめ」「ハラスメント」「体罰」「DV」「虐待」「家庭内暴力」「婦女暴行」「悪質なネットへの書き込み」と表現されているこれらの言葉は、暴力という定義の中に入れることができます。非行・犯罪行動の多くは、暴力を含んでいます。身体暴力を伴っていなくても、財産や人の安心・安全を奪う窃盗や詐欺なども物理的・心理的境界線の侵害です。盗撮犯などは、「撮るだけで、本人も気づかなければ被害はなかったことと同じだ」とよく言い訳しますが、盗撮も、嫌か嫌ではないかを決める権利（心理的境界線）を勝手に侵害して一方的に欲求充足を搾取している行為であり、これも立派な暴力です。盛り上がると思って人を「いじった」こと、秘密だと言われたことを漏らしてしまったこと、誰かを無視したこと（無視も、された相手の心理的安心を削ぐという意味で広義の暴力です)、またそれを「された」ことを含めて考えてみると、皆さんも暴力を経験した心当たりはあるのではないでしょうか。

暴力は日々の関係性の中から生まれる

私たちは毎日何らかの形で人とかかわりあいながら生きており、無意識に欲求や充足の方法、感情表現を相手と調節しながら生きています。身体的境界線はまだわかりやすくても、心理的な境界線を侵害したかどうかはとても分かりづらいものです。先ほど例に挙げた「太ったんじゃない?」の一言も、文脈や相手との関係で親密さの表れとして本人に受け止められれば侵害にはなりませんが、受け取った本人が傷つけば侵害になります。また、子どもが小さい頃はあれこれ口を出しかまってあげていたことは保護だったかもしれませんが、思春期になっても「あなたはこれが似合う」と強引に着る服を決め、どこへ行くのか管理して口うるさく言うならそれは暴力となるなど、年代や関係性の変化によっても異なってきたりもします。しかし、いちいち「これって不快になる?」と聞いて会話するわけにもいきません。ですから、侵害したなと思ったら謝り、意図せず侵害しても傷ついたと言われれば受け入れて謝り同じことをしない、その暗黙のルールによってしか互いの安心と安全は成立しないのです。侵害は必ず生じるので、それにどう気づき、どう対応できるかが重要になってきます。

侵害が本当の暴力になったことに気付かない理由はいくつかあります。一つは侵害する方が自分の持っているパワーに無自覚だったり、当然の権利と誤解してしまい結果的にパワー乱用につながったりしている場合です。親が「心配だから」と言って子どもの日記やツイッターを覗《のぞ》き見る、上司が「部下を厳しく育てようと思って」怒鳴って叱《しか》る、「生意気だからわからせてやろうと思って」ネットにみんなで一人の悪口を書き連ねるなどです。こういう場合、人は様々な言い訳をしながら、侵害が暴力になっていることを見て見ぬふりをします。

もう一つの理由は、侵害された側がＮｏと言えないために、加害側が大丈夫だと思ってしまうことです。現実の世界では、自分の社内での生殺与奪を握っている上司相手に「倍返しだ！」と啖呵《たんか》を切ることなど多くの人はできません。セクハラまがいの冗談を言われても苦笑いで流す人の方が多いでしょう。そうすると暴力をふるう側は「これくらいなら大丈夫」と思うのです。

　また、Ｎｏと言えないもっと深刻な例もあります。恐怖やストレスにさらされた人が「闘争（fight）か逃走（flight）か、凍り付くか（Freeze）」（３Ｆ）という反応をすることは一般にも良く知られていますが、四つ目の反応が提唱されるようになってきました。二〇〇三年にウォルターによって最初に言及された時には、３Ｆに続くＦとして「Fawn（機嫌を伺う、へつらう）」（Walter, 2003）と名付けられましたが、最近ではいろいろな人に言いかえられて「Appease（なだめる、満たす）」や「Please/Pleasing（喜ばせる）」などとも呼ばれています。これは、逃げられない関係性の中で何度も被害に遭うような場合に起きる反応で、対立を最小にして安全を確保するために加害者の機嫌を取ったり、相手の要求をのんだりすることです。性被害を受けた子どもなどはこの反応によって「性化行動」と呼ばれる性的誘惑行動をとり、再被害に遭うこともあります。「Appease」は自分の身を守るためや、感情面・認知面での混乱から起こる反応で、Ｙｅｓと言っているように見えつつ、本当はＮｏを言えるだけの判断能力や情緒的支えが失われているにすぎません。これに近いことは、いじめや社内・学校のハラスメント、ママ友の軋轢《あつれき》などで、いじめられた側がニコニコしている、自分から近寄っていくなど様々な場所で起きていると思われます。加害側も被害側もどこまでが許容範囲だったかわからなくなる関係性の中で起きる暴力においては、「Ｎｏという」「Ｎｏと言われたら謝る」だけでなく、私たち全員が暴力に敏感になり、暴力が行われているのを見たら警鐘を鳴らす第三者がいてくれることが重要です。

ルシファー効果

「そうはいっても最終的に暴力をふるう人は性格や考え方に問題があるし、意思の問題だ。自分はしないいし、できない」という人がいるかもしれません。しかし人は、状況とシステムに左右される生き物で、善良な人でも悪人になることが分かっています。最近よく耳にする言葉で言うと「闇落ち」がイメージとして合うでしょうか。

最も有名なのは、心理学者フィリップ・ジンバルドーが一九七一年に行った、スタンフォード監獄実験でしょう。健康な大学生を連れて模擬監獄に入れ、無作為に看守役と囚人役に分けたところ、看守役が囚人役に虐待を行い、六日で実験を中止したというもので、特殊な状況や権威を与えられると人は悪になるという例として挙げられています。このジンバルドーの実験そのものは実施手続きや結果の解釈について様々な疑問が提起されています。けれども、刑務所などの施設で職員が暴力事件を起こすことは、現実にしばしば起きていることです。たとえば二〇〇一年と二〇〇二年に、名古屋刑務所で受刑者が複数の刑務官の暴行により相次いで死亡しました。二〇〇九年には、広島少年院にて五人の法務教官が、在院少年に対して暴行を加えていたことが明るみに出ました。いずれも特別公務員暴行陵虐罪・同致死罪・同ほう助罪などで有罪が確定しています。

ジンバルドーは、イラク戦争の最中、二〇〇四年から二〇〇五年にかけて米国兵士が行ったアブグレイブ刑務所での捕虜への拷問についても研究し、ルシファー効果として善人が悪人に変わる過程を詳しく説明しました（Zimbardo,2007）。

その内容は膨大ですがこれらの研究についてプレゼンテーションを行った動画（https://www.ted.com/talks/philip_zimbardo_the_psychology_of_evil/transcript）で、七つの社会的プロセスが関与していると簡潔に説明しています。それは、①考えずに最初の一歩を踏み出す、②他人の人間性をはぎ取る（非人間化）、③自身を没個性化する（制服や衣装、仮面)、④個人の責任をあいまいにする、⑤権力に盲目的に従う、⑥グループの基準に無批判に従う、⑦怠惰・無関心により受動的に悪を許容するというもので、特定の悪人が悪をなすのではなく、個人と環境とシステムが悪を生み出すと述べています。日本の刑務所・少年院の暴行の例を見ても、彼らは法務省職員として法律、処遇方法について研修を受けていましたし、特に少年院の教官は非行少年たちの更生を指導する立場でした。決して悪人ではなかったはずの彼らは、おそらく被収容者を日々処遇するというストレスフルな環境、与えられた権力、閉ざされた環境など様々な要因が絡み合って暴力を行ったものと思われます。看護師や介護士が患者や高齢者を虐待する、教師が教師同士でいじめをするなどのニュースも同様でしょう。私たち全員が、条件が整えば、「闇落ち」して暴力の加害者になる可能性は十分にあるのです。

ちなみにジンバルドーは、逆にヒーローがどのように生まれるかも述べています。一定の条件が整っても虐待行為に加担しなかった人や、それを止めようとした人はいます。関心がある方はぜひ参考文献を読んでみてください。

暴力に対する神話

暴力が身近で、なくならない最後の理由は、社会の中に潜む神話にあります。神話とは、実態や事実とは異なるにもかかわらず、間違った認識に基づいた話が社会全体で広まっているもの、いわば誤解や知識不足とそれに基づく偏見のようなものを指します。ただ、単に誤解と言っても軽く考えてはならず、これらの神話が広まり修正されないことで、被害者の人権を傷つけ、被害者が回復するのを妨げるおそれがあることや、社会が加害者に対して寛容になり、加害が行われやすい社会的雰囲気を作ることになりかねない、と言われています（Burt, 1980）。

例えば暴力については、

・男同士は拳で語り合うものだ／殴り合ったほうが分かり合える
・口で言ってわからない時は体で覚えさせるしかない
・殴るところまで加害者を怒らせた被害者も悪かったのではないか
・悪い奴は仕返しされても文句は言えない、なぜなら悪い奴だから

といった神話があります。これらは、加害者側／力の強い者の論理、もしくは暴力を肯

定すること前提での話であり、非常に一方的なものです。殴り合わなくてもちゃんと言葉で話せばいいだけですし、しつけのための方法は暴力以外にもたくさんあります。たとえ被害者が加害者を怒らせたとしても、暴力をふるっていい理由にはなりません。悪い奴だったとしても、赤の他人が制裁を加える権利はないのです。冷静に考えればこうして十分説得力をもった反論もできることなのですが、神話はいつの間にか刷り込まれ、判断に影響を与えてしまいます。反社会的勢力やギャング、暴走族、チームなどによる暴力を伴う漫画やドラマ、映画がいつの時代も絶えず再生産されるのも、こうした暴力神話を信じ、正義や強さや漢気《おとこぎ》と混同する心理があるからかもしれません（もちろん、暴力が好きなのではなくストーリーが面白いということもあると思います）。そしてまたそうした物語が、私たちの神話を強化しています。

ＤＶについても同様で、

・身体的な暴力は仕方ないが、精神的暴力などは被害者が騒ぎすぎだ
・恋愛や夫婦関係のこじれなんだから自力で何とかすればいいのに
・暴力を振るわれる側にも問題があるのではないか

・嫌なら逃げればいいだけだ

などというものがあります。内閣府男女共同参画局（2021）による調査で配偶者からの暴力を例にとると、暴力を受けたことで「眠れなくなった（一九・九％）」、「自分に自信がなくなった（一八・六％）」「心身に不調をきたした（一三・一％）」「加害者や被害時の状況を思い出させることがきっかけで被害を受けたときの感覚がよみがえる（九・三％）」「誰のことも信じられなくなった（六・〇％）」など、心身に不調をきたし、自己イメージの低下はもちろん他者とのつながりも希薄になる人がいることがうかがえます。

こうした状況で「正常で冷静な判断をして解決すればいい」「逃げればいい」というのは現実的なアドバイスではありません。また、別れたり逃げたりしない理由には「仕返しが怖いから」「子どもがいるから」など、逃げてそれで幸せになるわけではないことも理由に挙がっています。また前述の「Appease」の考えから言っても、逃げられない環境で身近な人から暴力が長期化するほど、生存を優先してその場にいるという選択肢が出てくることも推察できると思います。こうした正しい知識がないと、DVが止まらないことが被害者のせいになったり、加害行為が正当化されたりします。

性暴力に関しては、神話は更に加害者に味方するかのようになります。
・男の性衝動は本能的なもので抑えられないものだ
・被害者がもっと抵抗すれば被害を避けられたのではないか
・若い女性やきれいな人、派手な服装の人が襲われる
・女性は多少強引に性行為をされることを望んでいる
・断られてもそこを押していくのが男だ／嫌よ、嫌よも好きのうち
・加害者はたいてい見知らぬ人だ
思春期・青年期にある皆さんは、性的関心が高まり性的活動も活発になる時期です。つまりこうした神話に惑わされて、加害を肯定したり、被害に遭った自分を責めてしまったりするリスクの真っただ中にいます。これらはすべて事実・実態と異なることを覚えておいてください。

実際にはどうなのでしょうか。本当に性犯罪者が衝動だけで行動しているなら、道の真ん中や交番の前で堂々と性犯罪に及ぶ人もいるはずです。しかしながらほとんどの性犯罪者は、ターゲットを絞り、見つかりづらい場所を選び犯罪を可能にする環境を作り

上げ、実行に移し、場合によって口止めをする冷静で合目的的な行動をとっています。また、もし衝動に流されたとしてもそれは自分一人で解決すべきことで、人を襲った言い訳にはなりませんし許されません。「自分は食欲旺盛なので食の衝動（食欲）が抑えられず人のご飯を横取りして食べました」という論理が許されないのと同じです。

被害者の抵抗について、内山（2000）の研究では、性犯罪被害者へのアンケートで「必死に相手を攻撃して抵抗した」のは三五・五％であり、三三・六％が「このまま殺されるかと思った」「怖くてなにもできなかった」という理由で何もできなかったと回答しています。一般社団法人Spring（2021）の調査でも、性犯罪の被害者の被害時の状況のトップが「予想していない言動があって驚いた／どう反応してよいかわからなかった、体がうごかなかった」となっています。

服装はどうでしょうか。内山（2000）が性犯罪容疑者に被害者を狙った理由を聞いたところ、「大人しそう／抵抗されないと思ったから」が四八％で、「挑発的服装をしていたから」は五％のみでした。加害者は「派手な格好をしていたから襲っていいと思った」と供述することがありますが、それは物色して狙いを付けた後に加害を合理化する言い訳でしかないことがほとんどです。そもそも、どんな服を着るかはその人の自由であり、服装を理由に「襲ってもいい」わけがありません。でも、人は神話を信じて女性に「そんな格好をしていたら変な人間に襲われるよ」と注意喚起をし、襲われた方が悪いのだという観念を植え付けていきます。また、被害に遭うリスクが高いのは面識のある知り合いなのに、夜道に気をつけろ、と的外れなアドバイスを繰り返します（強制性交等罪の犯罪加害者は被害者の親族か面識があった人がおよそ七割：法務総合研究所、2021）。

女性の被強姦《ごうかん》神話（多少強引に性行為をされることを望んでいる）については、一般大学生女性＜一般大学生男子＜一般犯罪者＜性犯罪者の順に支持（各々の群でそれぞれ統計的な有意差あり）する事が分かっており、神話を信じることと直接的な加害行動との関係も示唆されています（大渕、石毛、山入端、井上、1985）。

このように、暴力全般に関する神話は私たちの無意識に根強く染みつき、加害者の加害行動を合理化する手助けをし、被害者が自分で自分を責め、被害を受けた側に落ち度があったと責められる社会を生み出しています。

好きが暴力に変わる時

皆さんにはぜひ覚えておいてほしいことがあります。「好き」が「暴力」に変わるときがあるということです。

カオルはずっと気になっていたアユムに告白し、OKをもらいました。交際初日、愛する二人はとても幸せでした。イチャイチャしながら、カオルは「約束事を決めよう」と言います。「LINEは必ずすぐ返すこと」「他の同級生と仲良くしないこと」。アユムは少し違和感を抱きながらも『そんなことで波風立てない方がいいか』と思い、承諾します。カオルは毎日のようにLINEしてきて、夜もずっと電話はつながったままです。毎日、他の人と仲良くしなかったかと尋ねてきます。アユムは大学の課題をやる時間がなくなりちょっと困りながらも「愛されている証拠かな」と思いあまり深く考えませんでした。ある時、アユムはバイトであまりに疲れて寝てしまい、カオルからの着信にもLINEにも気づかず朝を迎えました。起きると、着信履歴もLINEのメッセージも大変なことになっています。あわてて電話を掛けましたが出ません。それから三日、無視され続けました。四日目、カオルから着信が来ます。声は怒っていて、アユムは何とかなだめたりすかしたりしながら事情を説明し謝罪しました。カオルは、浮気を疑い夜も眠れなかった、振られるんじゃないかと思い気が気じゃなかったと言い、「これからは毎日バイト先を出る時に電話して」「いつでも電話に出て誰と会ってるか嘘《うそ》をつかないで」と言います。アユムは、自分の失態で怒らせた後ろめたさと、好きだと示すためには従うしかないと思い、その約束も承諾しました。カオルは約束を守っている間はとても優しくしてくれて、「何があっても好き」「願いは何でも聞く」と愛を注いでくれます。いつからか、愛情確認のための約束は、アユムを縛る支配になっていますが、「嫌なんて言えない」「愛されてると思わないと贅沢《ぜいたく》なのかも」と、ぐっとこらえていました。友達に話しても「のろけなの？」と相手にしてもらえません。約束はどんどん増え、言いなりにならなければいけない事柄が増えていくと、守れないことが出てきます。そうするとカオルは決まって感情を爆発させます。次第に人格を否定されるような言葉でののしられるようになったり、実際に身体暴力を受けたり、「わかってくれないなら今から死ぬ」と言ったりと、行動はエスカレートしてきました。でも決まって最後は、「ごめんね、愛してるから気持ちが抑えられなかった」と言って優しくしてくれるのです。暴力とその後の謝罪・溺愛は何度も繰り返され、アユムの生活はもうカオル中心に回っています。でも毎日のように自分のミスを責められるので、アユムは「自分がいけないからカオルは毎日怒るんだ。自分がちゃんとしなきゃ」とますます尽くします。大学を休みがちになったことから友達が異変に気付いて別れるように勧めてきますが、自分が変われば関係は改善するのだという想いから別れるという選択肢は頭にありません。

これは交際からデートＤＶに発展するプロセスを描いた架空の物語ですが、当初から少しずつ境界線を侵害され、「依存と支配」に変化していく様子がイメージできると思います。この話をすると毎年、数名の学生さんが感想文に「私がそうでした」「友達がそうです」と書いてきてくれます。これくらいのことは健康な大学生男女にも起きえます。レビイ（2009）は、交際していたとしても、相手がいなければ生きていけない、いうとおりにしてくれないのは裏切り、相手が離れていくのが不安で嫌なことも我慢し、二人だけの生活になっていく「依存的な愛」ではなく、別行動をしていても楽しめる、互いの仕事や学校生活を支える、したいことや嫌なことが言い合える、喧嘩をしても怖くない「お互いをはぐくむ愛」を育てデートＤＶに陥らないよう推奨しています。

恋愛は、お互いの身体的・心理的境界線を緩める行為であるがゆえに、侵害や暴力が起きやすいものです。もし身近に起きた時は、学生の場合は学生支援センターや配偶者暴力相談支援センター（交際相手からの暴力も相談可能）、望まない性暴力を受けた場合は性暴力ワンストップ支援センターなど最寄りの専門家に相談してください。

性行為における同意

冒頭に引用した内閣府の男女間の暴力に関する調査では、無理やり性交等（性交、肛《こう》門《もん》性交又は口腔《こうこう》性交）をされた人は二四人に一人（女性は一四人に一人）いました（内閣府、2021）。女性のみならず男性の被害も決して他人《ひと》ごとではありません。サークルや部活の飲み会帰りに酔った勢い（という言い訳）でキャンパスレイプを受ける（相手が同意したと思い込んで加害をしてしまう)、なども無縁ではないのです。性的同意を取ることをおろそかにしないでください。

性的同意をとるというと、男女ともから否定的な反応を受けます。一方は「そんなこといちいち言葉にしなければいけないのか」という反応、もう一方からは「そんなことを言われてもはっきりNoなんて言えない。特に交際相手の場合はNoと言ったら嫌われてしまう」というものです。「言う必要なんかない」と思っている潜在的加害者、「言えない」と思っている潜在的被害者がそれだけいて、互いに「わかってほしい」と思っているのです。人との関係性の中で「言葉にしなくてもわかるだろう、察してくれるだろう」と思っているのは、とても危険です。

性的同意は、何も特別な知識がいる行動ではありません。例えばお茶を勧める時に、「いらない」という人に無理矢理飲ませたりしませんし、一度ほしいと言って後からいらないと言っても無理に飲ませたりしません。お茶を欲しがらない人に腹を立てたり、泥酔している人にお茶を飲ませたりするのがおかしなことであることはわかるでしょう。

このように性的同意を紅茶に置き換えて考えた参考動画もありますので「Tea

Consent」で検索してみてください。子ども向けの境界線や同意に関する動画（Consent for kids）もあり、それは日本語に訳されて本にもなっています（ブライアン、2020）。同意についての知識は、今後常識になる世の中になってほしいと願っています。

非行・犯罪行動変化を促す

暴力の知識や概念は、非行・犯罪者とのかかわりの中で臨床実践を行うためにも必要です。非行・犯罪行動が境界線の侵害行為であるだけでなく、加害者の中には、自分が境界線を侵害されて育ってきたがために、他者の境界線を侵害するのにも日常から鈍感な人がいます。思い通りにならないとキレて怒鳴る人、都合が悪くなると相手をなじる人、自分のことなのに支援者に依存して人を動かそうとする人などです。暴力の知識をいくら覚えても、それが習い性になった人はなかなか変わりません。個別面接の中で、そしてグループの中で、今そこで現れた境界線の問題を指摘し、Ｎｏを言い、どうすれば相手を尊重した行動をとれるのか一緒に考え、その場で境界線を守る行動を練習することが必要になります。ここで支援者が暴力に鈍感だったり、境界線を侵害されてすぐに謝って機嫌を取りに行ってしまったり、Ｎｏを言うことにおそれがあったりしたら、絶好の介入チャンスを失うばかりか問題を悪化させることにつながりかねません。

一方で支援者は、自分が悪かったことには謝罪し、行動を正すモデルになる必要もありますので、批判を受ける覚悟も必要です。互いに指摘されたり、変えてほしいと言われたりすることを成長のチャンスととらえ一緒に成長していく構えが重要です。きちんと議論して、ちゃんと喧嘩して、分かり合った上でそれぞれの非を認めあい、謝り合えると、楽しいですよ。対等な関係は無言の気遣いの先ではなく、対話の先にあります。皆さんもぜひ実践してみてください。

まとめ

「何らかの善を心のうちに持たない悪人はなく、何らかの悪を心のうちに持たない善人もいない」(ジョセフ・アディソン)

今日お伝えしたかったことは、この言葉に集約されています。暴力について定義し、それがいかに身近であるか、そして暴力は誰しもが加害者にも被害者にもなりうることをお話ししてきました。自らが悪になりうること、またそれに加担しているかもしれないことを自覚することが第一歩だと思っています。これからは境界線を意識して、侵害しないようにすること、されたらＮｏといってもよいのだと知ってはっきりＮｏを言うこと、Ｎｏと言われたら謝ってすぐやめること、Ｎｏと言えない環境にいる人に気づいたら代わりにＮｏを言ってあげることを実践していってください。

犯罪や暴力をゼロにすることはできませんが、身近な小さな暴力を見逃さずに減らすことは、加害者が暴力の言い訳ができない社会を作ることや、被害者が加害者になっていくことを防ぐことにつながり、私たちみんなにとって安心・安全な社会を作るのに役立つと思います。

第5章　生理心理学――「脳内報酬」の強烈さ

畑敏道

今日も生理心理学の授業を始めましょう。スマホは横に置いておいてくださいね。さて、先週のアンケートで、授業が面白くてわかりやすいと書いてくれていた人がいました。ありがとうございます。そう言われると嬉《うれ》しいので、どんどん書いて下さい。講義スライドを映すので、前のほうの照明は消しますね。はい、これで見えますね。

今日のお話は、今僕が話した「スマホをいじってばかりいること」「照明を消すこと」「ほめられて嬉しいこと」は全部同じだ、という内容です。

オペラント条件づけと「正の強化」

まず、「照明を消す」という行動はオペラント条件づけであることを確認しましょう。照明を消す前には、明るくて僕にもスライドがよく見えません。そこで照明のスイッチをオフにすると、スライドは見えるようになりました。僕がいつも授業の始めにやって

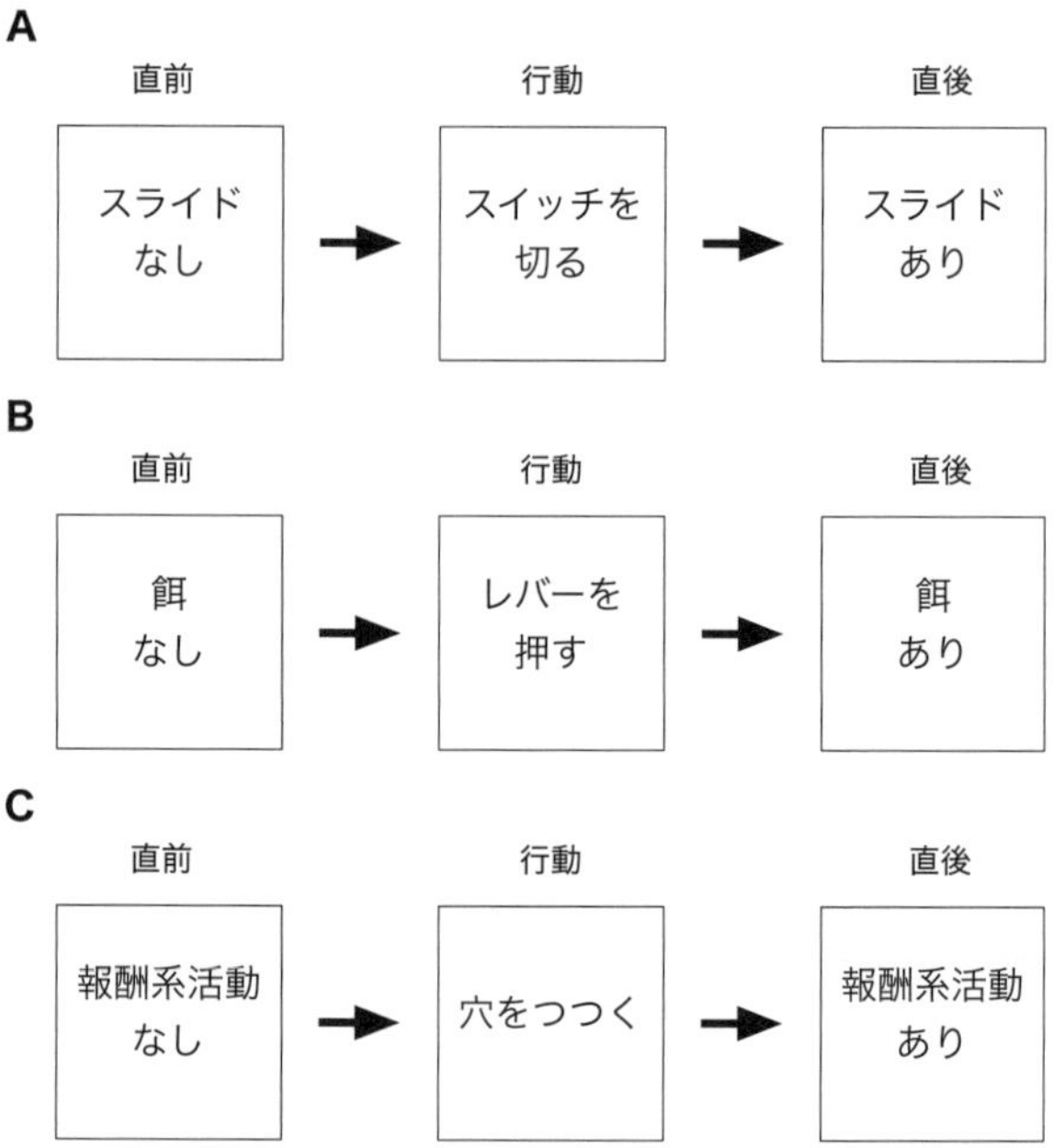

図5－1　オペラント条件づけの「正の強化」の図式（A），（B）と脳内自己刺激の図式（C）

いる行動です。大屋先生のご専門である行動分析学（第6章）では、このような状況を図5－1Aのように図式化します。

このように、ある行動の結果として何かが起こることによってその行動が維持されることを、オペラント条件づけと呼びます。特に、『ある行動（ここではスイッチを切ること）の前後で、ある刺激（ここではスライド）

が「ない（見えない）」状況から「ある（見える）」状況に変化することによって、その行動が維持される』ことを、「正の強化」と呼びます。このとき、この刺激のことを「正の強化子」あるいは「報酬」と呼びます。簡単に言えば、何かを得るために何かをする、というような状況です。例えば、エアコンをつける、自動販売機にお金をいれてボタンを押す、大学で勉強する、といった日常的な行動はそれぞれ、「涼しさ」「飲み物」「大学卒業」という強化子で維持されている行動です（ただし強化子は人によって違うので、本当は確認しないとわかりません）。

オペラント条件づけについて厳密に研究を進めるために、実験室に場面を移し、研究対象をヒト以外の動物としましょう。動物を対象とするひとつ目の理由は、さまざまな背景をもった人間を対象にすると、その多様性に隠されて、背景にある生物としての一般的な法則が見えにくくなることがあるためです。ふたつ目の理由は、生理心理学では脳の活動を変化させたり測定したりするために、ヒトを対象にすることが難しいためです。ヒトとそれ以外の動物は似ているとも似ていないともいえるのですが、ここでは似ている部分を強調してとらえることにします。アメリカの心理学者スキナー（Skiner, B.

A

B

図5－2　動画資料のQRコード

F.）は、動物を対象として、単純化した状況でオペラント条件づけを研究するための装置を開発しました。「オペラント箱」とか「スキナー箱」と呼ばれる装置です。図5－2AのQRコードから、その実験の様子を見てみましょう。

いかがでしたか。ネズミ（ラット）が上手にレバーを押して餌を食べていましたね。この行動を先ほどの図式に当てはめると、図5－1Bのように描くことができます。ところで生理心理学では、なぜそのような行動が起こるのかを、脳内の神経のはたらきによって説明するのでしたね。次に、図5－2Bの動画を見てみましょう。

いかがでしたか。ラットが盛んに鼻先で穴をつついていましたね。この動画では、穴をつついても餌は出てきません。ではなぜ、ラットは盛んに穴をつついていたのでしょうか。つつくと黄色いランプが点《つ》くから？　行動分析学的な説明ならば、それでよいでしょう。実際、あの黄色いランプは、ある強化子と一緒にくり返し提示されることで、強化子としてはたらくようになっています。ただ、それでは生理心理学的な説明にはなっていません。ではランプが点くのが楽しいから？　多くの心理学の分野ではその説明でもよいでしょう。しかし、生理心理学では「楽しい」などの心の状態によって行動を説明するのではありません。穴つつき行動や、穴つつき行動を維持させる「強化子」は、神経のどのような活動から生まれてくるのか？　楽しいからつついているのだとして、ではその「楽しい」を生み出す神経メカニズムは？　これが生理心理学的な問いです。

「正の強化子」は脳内報酬系の活動によって生まれる

生理心理学的な立場からは、強化子とは「脳内報酬系が活動すること」と答えることができます。二つ目の動画に出てきたラットの脳内の視床下部外側《がいそく》部という場所には、細い電極が埋め込まれています。穴をつつくと同時に、この部位がごく弱い電流で刺激されて、神経細胞が強制的に活動させられます。あの黄色いランプは、センサーが穴つつきを検出したことをラットや実験者に知らせるための合図です（もちろん、ラットは「今自分がセンサーを作動させた」とわかっているわけではありませんよ）。穴をつついても電流を流さないようにすると、この行動はすぐに止みます。つまり、脳のある部位の神経細胞が活動することが、この行動の強化子になっています。これは図5－1Cのように図式化できます。このように、その部位が活動することが強化子としてはたらくとき、それらの部位を「脳内報酬系」と呼びます。そして、自らの行動によって自らの脳内報酬系に電気刺激を与えることを「脳内自己刺激」と呼びます（Olds & Milner, 1954）。

この行動は非常に衝撃的です。僕はこの行動についてはもちろん教科書で読んで知っていましたが、実際に穴つつきの回数が電気刺激の強さにきれいに比例して増減することを目にしたとき、生き物の行動が脳のごく一部分の活動によってここまで完全にコントロールされてしまうのかと、とても複雑な気持ちになりました。脳内自己刺激は刺激が強いと取り憑かれたように死ぬまで続けるような、強烈なものだそうです。

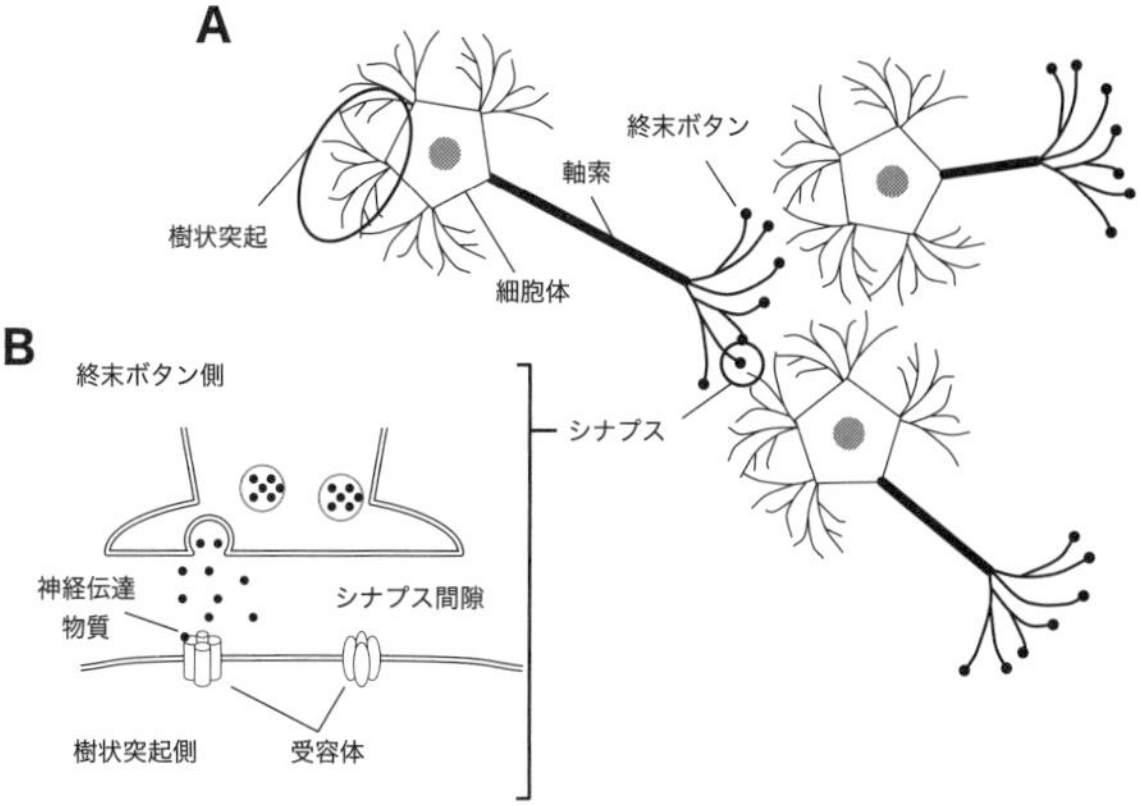

図5-3 (A) 神経細胞の構造。(B) シナプスの拡大図。形の異なる受容体はそれぞれ異なった神経伝達物質を受け取る。

神経細胞に関する簡単なおさらいと神経伝達物質

さて、脳内自己刺激の神経メカニズムを詳しく紹介する前に、脳内での情報の伝わり方について復習しておきましょう。脳で行われる情報処理には神経細胞が重要な役割を担っています。神経細胞にも、体の他の部位にある細胞と同様に「細胞体」があります(図5-3A)。それに加えて、神経細胞に特有なふたつのはたらき——情報を受け取り、伝える——を実現するための、ふたつのしくみ——樹状《じゅじょう》突起と軸索——があります。神経細胞内では、情報は電気信号として細胞体から出発して軸索を通り、終末ボタンへ伝わります。脳内自己刺激では、この電気信号を外から無理矢理引き起こしています。終末ボタンからは、別の神経細胞の樹状突起との間のわずかな隙間《すきま》（シナプス間隙《かんげき》）に「神経伝達物質」が放出されます（図5‐3B）。終末ボタンから他の神経細胞への繋《つな》ぎ目の部分をまとめてシナプスと呼びます。放出された神経伝達物質は、樹状突起上の「受容体」に結合してそれを刺激します。例えば「ドパミン」という神経伝達物質は「ドパミン受容体」にだけ結合します。受容体に伝達物質が結合すると、情報の受け手側の細胞の活動が変化します。このように、神経細胞内では電気的な信号として、神経細胞間では化学的な信号として情報が伝えられます。脳は神経細胞同士の複雑なネットワークが協調してはたらくことで、心や行動を生み出しています。

脳内報酬系で使われる神経伝達物質

脳内報酬系では、いくつかの異なった神経伝達物質がはたらいています（図5‐4A）。脚橋核《きやくきよう》には、「アセチルコリン」を神経伝達物質として持っている神経細胞がたくさんあります。このような細胞をアセチルコリン作動性神経と呼びます。誤解が多い

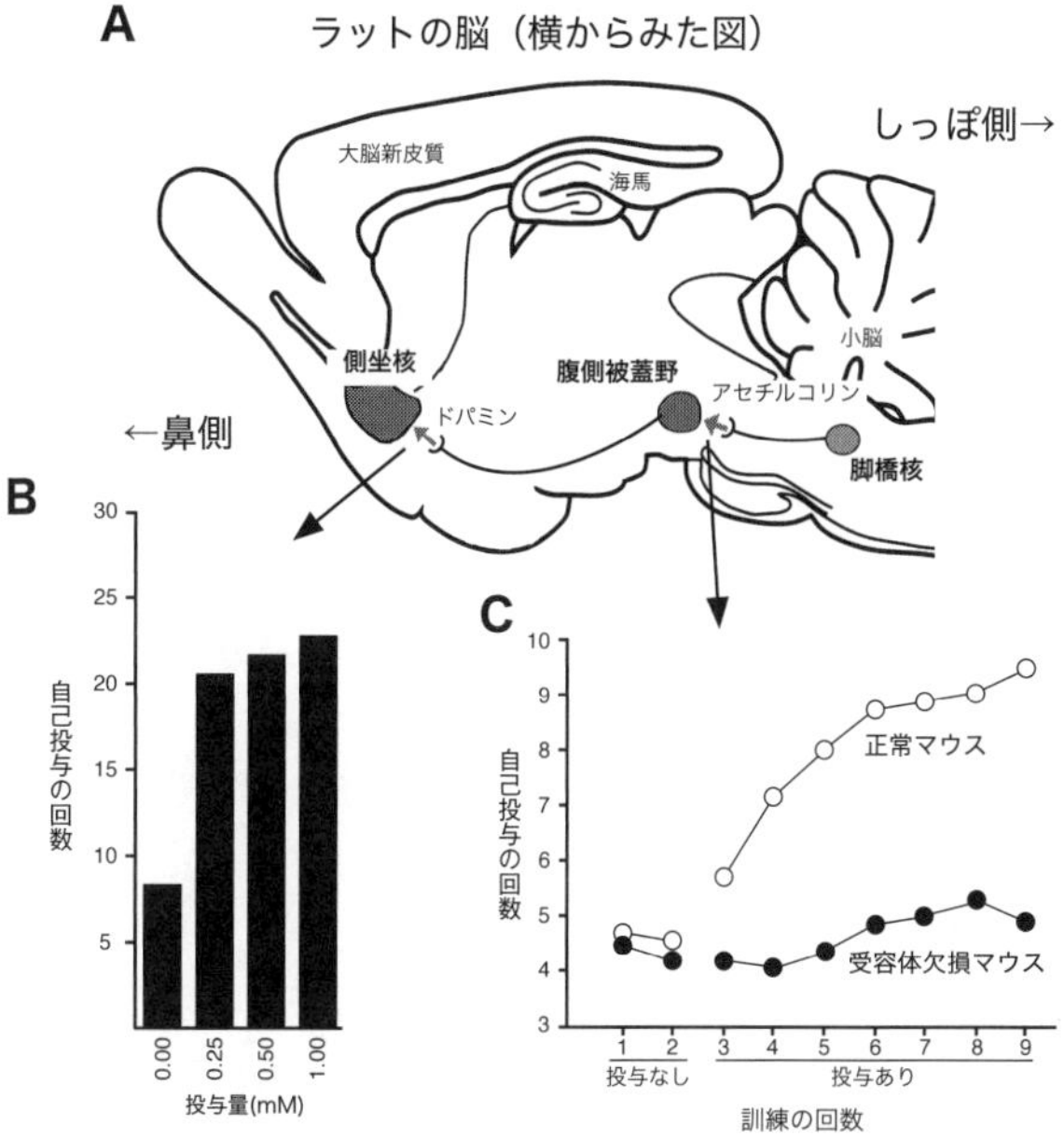

図５-４　（A）脳内報酬系を構成する部位の位置と神経の連絡（Koob & Le Moal, 2006 に基づき筆者作成）。（B）側坐核へのドパミン自己投与の結果。（Ikemoto et al., 1997 より作図）（C）腹側被蓋野へのニコチン自己投与の結果。（Maskos et al., 2005 より作図）

のですが、「○○作動性神経」とは、○○という神経伝達物質によって活動「させられる」神経細胞ではなく、○○という神経伝達物質を「放出する」神経細胞のことだという点に注意して下さい。アセチルコリン作動性神経は軸索を伸ばし、腹側被蓋野《ふくそくひがいや》でアセチルコリンを放出します。腹側被蓋野には、アセチルコリン受容体を持つ細胞があるので、これらの細胞はアセチルコリンによって活動します。腹側被蓋野のこれらの細胞は「ドパミン作動性神経」です。これらの細胞は側坐核《そくざかく》に軸索を伸ばし、側坐核でドパミンを放出します。脳内自己刺激行動中のラットの腹側被蓋野ではアセチルコリンが、側坐核ではドパミンが盛んに放出されていることが確認されています（Chen et al., 2006; Nakahara et al., 1989）。これらの物質が放出されることは、それを受け取る受容体が活動していることも示唆しています。

　ただ、ここで注意が必要なのは、脳内自己刺激中にある伝達物質の放出が増えたとしても、それが自己刺激の結果として生じたのか、それが原因となって自己刺激行動を引き起こしたのかはわからないということです。そこで、ある行動をすればごく微量の神経伝達物質が脳内に投与されるという実験をしてみます。これでその行動が増えれば、その受容体の活動が行動の原因である、すなわち強化子であると言えます。このような実験を脳内自己投与と呼びます。

例えば、レバーを押すと側坐核にドパミン受容体を刺激する薬物が投与される状況にラットを置くと、レバー押しの回数は、薬物の投与量が多くなるのにしたがって多くなります（図5－4B）。つまり、側坐核のドパミン受容体の刺激は、強化子としてはたらくことがわかります（Ikemoto et al., 1997）。

また、ニコチンを腹側被蓋野へ投与しても、自己投与行動が起こります。ご存じのように、ニコチンはタバコに含まれている物質です。アセチルコリン受容体にはニコチン性、ムスカリン性というふたつのタイプがあって、ニコチンはニコチン性アセチルコリン受容体を活動させます。二つの選択肢のうち一方を選ぶと腹側被蓋野にニコチンが投与される状況にマウスを置くと、正常マウスは訓練を重ねるにしたがって自己投与の回数が増えていきます（図5－4C）。一方、ニコチン受容体を持たない特殊なマウスでは、自己投与の回数は増えません（Maskos et al., 2005）。つまり、腹側被蓋野のニコチン受容体を刺激することも、強化子となります。このように聞くと、たばこを吸っている人が違って見えてきませんか。「あの人は今、ニコチンを自己投与し、腹側被蓋野のニコチン受容体への刺激を強化子として、喫煙行動を遂行している最中なのだなー」と。

強化子としてはたらく薬物は、おしなべて側坐核でのドパミン放出量を増やします。例えばオペラント条件づけの強化子である餌や砂糖の摂取は、側坐核でのドパミン放出量を上昇させます（Martel & Fantino, 1993; Hajnal & Norgren, 2001）。また、薬物依存の原因となるような物質、例えばニコチンや覚せい剤（コカイン、アンフェタミン）、アルコール、モルヒネも側坐核のドパミン放出量を増やします（Di Chiara & Imperato, 1988）。

ところで、ドパミンはよく「快感物質」であるといわれますが、今ではその考えは否定されつつあります。脳内報酬系では、ドパミンはむしろ何かを「欲する」、心理学の用語では行動に駆り立てる「動機づけ」を生み出すと考えられています。一方、何かを「好きである」つまり「快」はエンドルフィンなどのオピオイド系と呼ばれる物質の作用だと考えられています（Berridge, 2007）。ヒトでもラットでも、砂糖水が口に入ると、唇をなめたり舌をリズミカルに突き出したりといった、それを「好んで」いるかのような行動をとります。ラットでは、側坐核の「快のホットスポット」と呼ばれる部位にオ

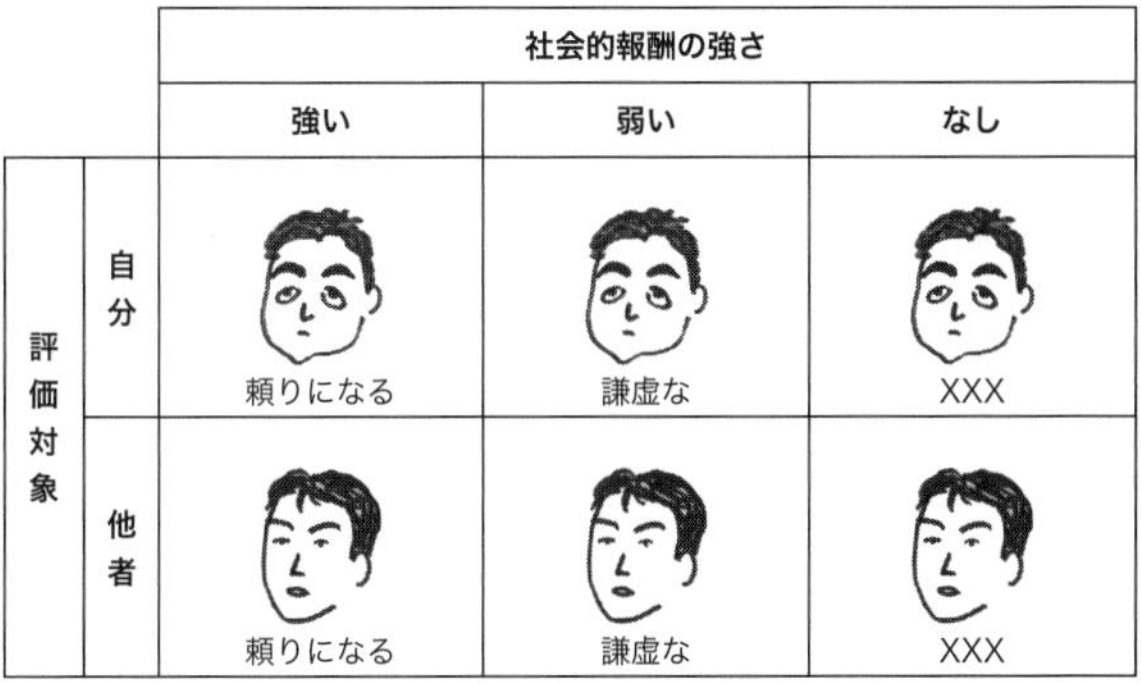

		社会的報酬の強さ		
		強い	弱い	なし
評価対象	自分	頼りになる	謙虚な	XXX
	他者	頼りになる	謙虚な	XXX

図5-5　他者から「ほめられる」時の脳内報酬系の活動を調べた実験の条件

ピオイド系の物質が作用すると、これらの行動が強くあらわれます（Berridge et al., 2009）。

ほめられると脳内報酬系が活動する

さて、これまでの話は動物を対象として電気的に刺激するとか薬物を投与するとか、やっていることが極端で、私たちの日常生活とはかけ離れた状況のようにも思えます。もっと日常生活でありふれた報酬も、脳内報酬系のはたらきによって生み出されているのでしょうか。答えはイエス、です。

例えば、ヒトの日常でよく見られる金銭的な報酬や、「ほめられる」という社会的な報酬にともなって、脳内報酬系の活動が高まります（Izuma et al., 2008)。あなたは実験参加者としてこの実験に参加したと想像してみてください。実験室に通されて着席すると、机の上には一台のモニタがあります。モニタには、あらかじめ撮影しておいた自分の写真か自分以外の他人の写真が提示されます(図5‐5)。写真の下には、この人物がどのような人物に見えるかという、他者からの評判が表示されます。ただしこれらは本当の評判ではなく、他者からそのように言われるとどの程度「嬉《うれ》しい」のかを事前に調査して、「強いほめ」か「弱いほめ」であると確認された語句です。例えば「頼りになる」は強いほめ、「謙虚な」は弱いほめです。比較のために、他者からの評判を表示しない条件も設けます。つまりこの実験では、評価される対象として自分か自分以外の他者の二種類、ほめの強さとして強い、弱い、なしの三種類を組み合わせた六つの条件があります。

それぞれの条件下でｆＭＲＩ(機能的磁気共鳴画像法)を使って脳内報酬系の活動の程度を調べました。ｆＭＲＩはある部位での酸素の消費量を測定しています。神経が活動するほど酸素を消費しますから、間接的に神経の活動を測定していると考えられています。すると、他者がほめられている条件では、ほめの強さにかかわらず、報酬系の活動は普段とほぼ変わりませんでした。一方、自分がほめられている条件では、ほめの強さが強いほど報酬系が強く活動することがわかりました。面白いことに、この時に強く活動したのは、金銭的な報酬が得られることを予期した場合と重なっていました。ただし、活動した場所は背側《はいそく》線条体と呼ばれる部位で、ラットやマウスの実験でよく知られている側坐核の少し上に位置しています。

ペットのイヌでも、飼い主の匂《にお》いをかいだ時に背側線条体の活動が高まるのに対し、見知らぬ人の匂いではそのような変化は起こらないことが知られています（Berns et al., 2015)。ヒトやイヌとラットやマウスとでは報酬系を構成する部位が少し違うのかもしれませんが、どうやら脳内報酬系は、何かを欲したり、快い感情を経験したりすることに関連した、動物種に共通した部位のようです。

報酬系の活動を行動で測定する

再び薬物の話に戻りましょう。脳内自己刺激の状況で、レバーを押したときに報酬系に与える刺激の強さを数分毎に徐々に強く、あるいは弱くしていき、それに応じてレバ

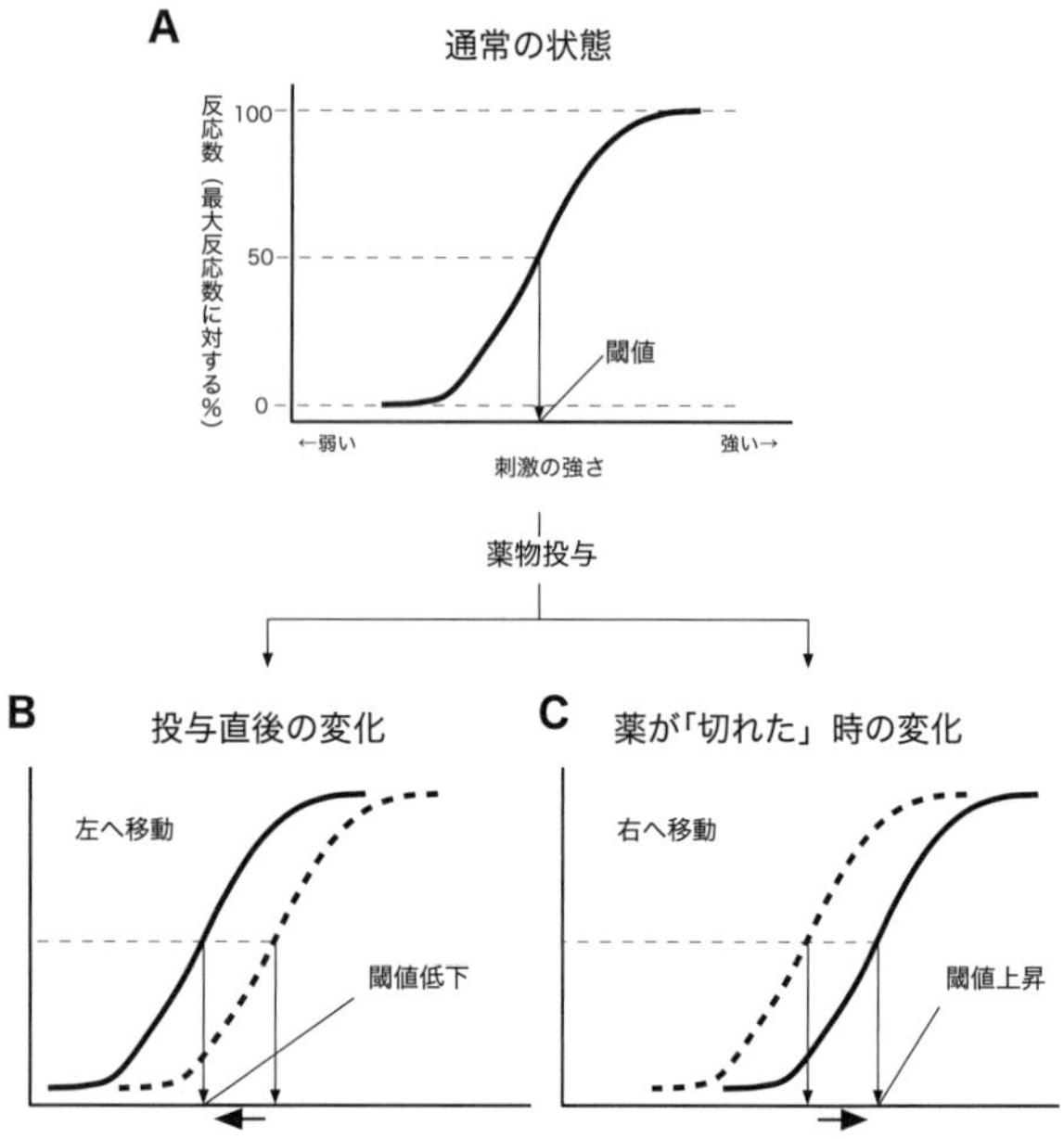

図5-6 (A) 周波数反応率曲線。(B) 嗜癖性薬物による投与直後(B) とその作用が「切れた」時の変化 (C)。

ー押しの回数がどのように変化するかを測定すれば、ある薬物が報酬系のはたらきを強めたり弱めたりする様子を、行動で測定することができます。刺激の頻度（電気刺激の周波数、頻度が高いほど強い刺激）とレバー押しの回数の関係を図示すると、右肩上がりのS字曲線を描きます（図5-6A）。これを周波数反応率曲線と呼びます。ここで、最大の反応数の半分の反応数を引き起こすときの刺激の強さを「閾値《いきち》」と定義します。依存を引き起こすような物質——ヘロイン、覚せい剤（コカインやアンフェタミン、メタンフェタミンなど）、ニコチン、モルヒネ（あへん）など——の摂取直後にはおしなべて、周波数反応率曲線は左側に移動し、閾値が低下します（図5－6B）。このことは、それまではレバー押しを引き起こさなかったような弱い刺激にもかかわらず、レバー押し反応を引き起こすようになった、つまり報酬系のはたらきが強まったことを意味します（Koob & Le Moal, 2006）。

薬物依存の恐ろしさ

依存性のある薬物が怖いのは、薬物の作用が「切れた」時に起こってくる「離脱症状（いわゆる禁断症状）」や不快感のせいだと考えられています。離脱症状は薬物によって特有です。たとえばコカインやアンフェタミンでは幻覚・妄想が起こったり、ニコチンでは不安や落ち着きのなさ、集中困難などがあるといいます。それ以外に、薬物が「切れる」（「退薬 withdrawal」といいます）と脳内自己刺激の閾値が上昇することが知られています（図５－６C）。投与直後に起こる閾値の低下とは正反対の、いわゆるリバウンドですね。幻覚や妄想、不安や集中困難などの不快な状態に加えて、報酬系のはたらきが低下しているわけですから、やる気もわかないし何をしても楽しめません。このような不快な状態を抜け出すにはどうすればよいか？　そうだ、薬物があるじゃないか。あれをもう一度摂取すれば。薬、薬、薬……。頭の中は薬のことしか考えられなくなります。そしてようやく薬を摂取しても、報酬系のはたらきは弱まっていますから、これまでの量では満足できません。これまで以上の量の薬を摂取してしまいます。それで一端は不快な状態は収まります。が、しばらくすると不快な状態が襲ってきます。すると、薬、薬、薬……。頭の中はそれだけです。摂取します。前より多量に摂取しなければ効きません。これを繰り返すうち……過量摂取で死んでしまいます。これが、薬物依存の「アディクション・サイクル」の恐ろしさです（Koob & Le Moal, 1997）。

薬物依存のもうひとつの恐ろしさは、一度そこから抜け出せたとしても、ふとしたきっかけで元の状態にもどってしまうことです。これを再燃（reinstatement）と呼びます。再燃には薬物誘発性、ストレス誘発性、手掛かり誘発性の三つがあると言われています。

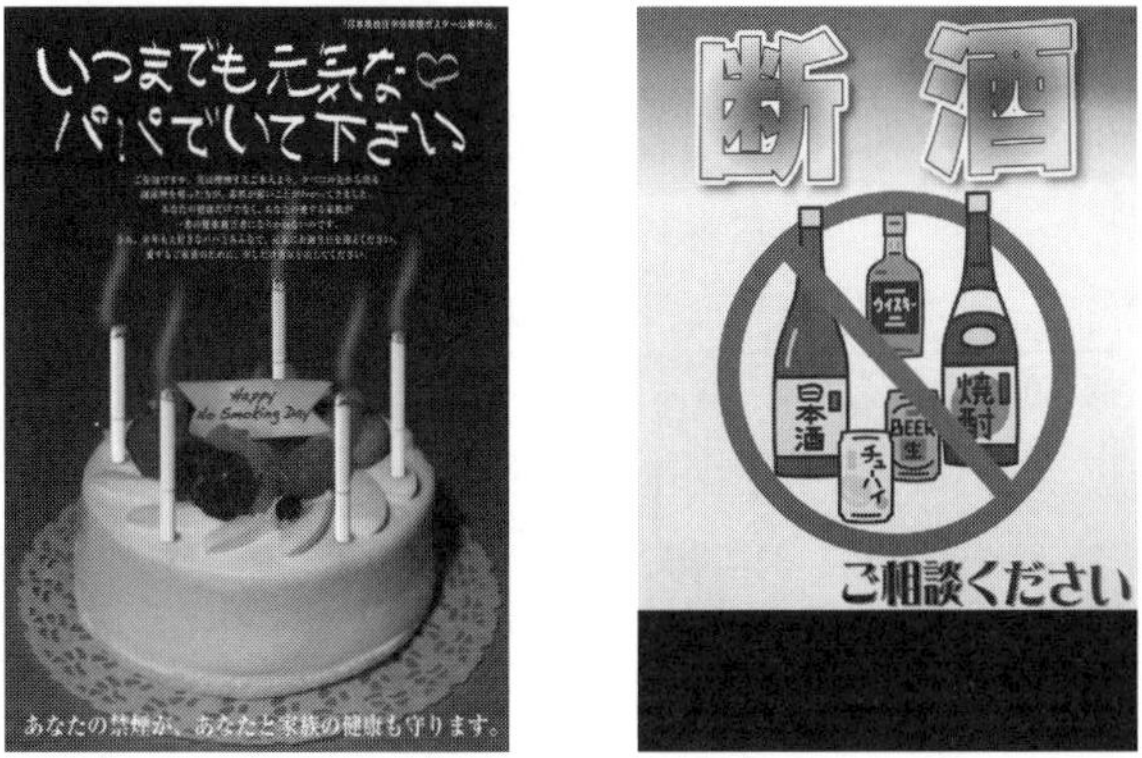

図5-7　それを見せちゃ……。（左）日本高血圧学会　禁煙ポスター優秀コピー賞（2021）（右）断酒会ポスター

薬物誘発性とは、依存していた薬物をほんのわずかに摂取してしまうと、依存が復活するというものです。例えば、数十年にもわたって断酒を続けていたのに、甥《おい》や姪《めい》の結婚式で今日くらいはいいか、とビールを一杯飲んでしまっただけで、もとのアルコール依存に戻ってしまうなどです。ストレス誘発性はその名の通り、さまざまなストレスがきっかけで再燃してしまうものです。手掛かり依存性は、その薬物を摂取していた時に同時に経験した刺激（部屋の様子や友人の顔、注射器など）を見ることで起こってしまう再燃です。ですから、薬物をやめましょう、と訴えるポスターに薬物を連想させる絵が描かれているなどと

いうのは、少なくとも既に薬物を使った経験のある人にはまったく逆効果ではないでしょうか（図5－7）。せっかく断薬していた人に、手掛かり誘発性再燃を起こさせてしまう危険性があるのですから。

薬物依存や薬物を取りたくてたまらない「渇望 craiving」という状態にあるとき、脳の中ではある変化が起こっています。例えば、メタンフェタミン（覚せい剤）の濫用者は、ヒトの報酬系として知られる背側線条体でのドパミンD2受容体の数が減っています（Volkow et al., 2001）。受容体の数が減ることがどのような効果を持つのかははっきりしませんが、物質のレベルで変化が起こっている、つまり、文字通り「別人」になってしまっているわけです。また、喫煙者と非喫煙者が、喫煙に関係したものを見たときの側坐核を含む領域の活動を調べた研究では、喫煙者のほうが高い活動を引き起こすことがわかりました（David et al., 2005）。側坐核以外にも、脳のいちばん前のほうにある前頭葉の、眼窩《がんか》前頭皮質や背外側《はいがいそく》前頭前野の活動は、喫煙に関連した刺激を見たときに高まります。また、経頭蓋磁気刺激法（ＴＭＳ）という手法で背外側前頭前野のはたらきを抑えると、たばこに対する渇望が抑えられることがわかりました（Hayashi et al.,

2013)。

あなたも依存症？

私はそのような薬物には手は出さないから安心、と考えていますか？　あなたはスマホばかりいじっていませんか？　いわゆる「インターネット中毒」者の脳を調べた研究でも、背側線条体のドパミンD2受容体の数が減少していることがわかっています(Kim et al., 2011)。つまり覚せい剤中毒者と同じような脳になってしまっているということですね。また、オンラインゲームばかりしている人がそのゲームに関連する絵を見た時には、関連しない絵を見たときに比べて、眼窩《がんか》前頭皮質、側坐核、背側線条体の活動がより高まっているというデータもあります(Ko et al., 2009)。もっと身近なところで、たとえばふとチョコレートを食べたくてたまらなくなる、ということはありませんか？　世の中には「チョコレート渇望者」といって、無性にチョコレートを食べたくなる人がいます。このような人の口にチョコレートを入れたり(でも嚙《か》んだりなめたりして味わってはいけない。意地悪)、チョコレートの写真を見せたりすると、チョコレート渇望者ではない人と比較して眼窩前頭皮質や側坐核の活動が高まることが知られています(Rolls & McCabe, 2007)。

最後に

さてこれで、始めに僕が言った「スマホをいじってばかりいること」と「照明を消すこと」と「ほめられて嬉しいこと」は全部同じことだということの意味がわかってもらえたかと思います。つまり、いずれも脳内報酬系という部位のはたらきによって生まれてきた行動だということでした。世の中にはいろいろな強化子がありますが、結局それらは「脳内報酬系を活動させる」という共通の特徴を持っています。

脳内報酬系は何かを得るために行動するという、生き物にとってとても重要で基本的なはたらきを担う場所です。しかし、ある種の薬物はその強い作用で報酬系を「ハイジャック」してしまうといわれています。つまり、脳は自分の意思では制御できないような化け物となって、あなたの命を脅かしてしまうことさえあるのです。脳内自己刺激を止められなくて死んでしまうネズミのように。薬物にはくれぐれもご注意を。

第6章　行動分析学──「やる気」は存在しない

大屋藍子

行動分析学とは？

行動分析学は、極端な言い方をすると心理学なのに「こころ」を考えない学問です。ではどうやって「心理」を追求するのでしょうか？　今日の授業では行動分析学の考え方の特徴についてお話ししたいと思います。

行動分析学は、スキナーという心理学者の理論を中心に発展してきました。行動分析学の特徴は、研究の関心が主流の心理学と大きく異なる点にあります。

心理学では、一般的に心理的現象を人間の内面で生じる過程として捉えようとします。例えば、今日勉強がはかどらなかったのはやる気がしなかったからだ、と仮定したとします。勉強がはかどらない理由を、何か目に見えないけれど内面に存在する「やる気」の量が決めているとする考えですね。この考え方は、日常感覚としても理解しやすいでしょう。

一方、行動分析学は行動の原因を、やる気のような個人の特性や能力、性格といった内面に求めません。代わりに、環境を操作して行動を制御しようとします。勉強がはかどらなかったことに「やる気」が関係したとしてもしていなかったとしても、そこには着目しないのです。代わりに、勉強の開始時間やスマートフォンを置く位置を変えたり、勉強した後のご褒美タイムを工夫したりと、その人の勉強行動をはかどらせることが想定される環境変数を入れたり抜いたりしながら、行動に影響を及ぼす環境を見つけ、それを使って勉強がはかどるように介入していきます。

さらに具体的に言うと、行動分析学は、「行動が変容するには行動した結果生じる環境変化が影響する」と考えます。良い例があります。フォルクスワーゲン社が二〇〇九年に行ったプロジェクトです（Volkswagen, 2009 内容は、YouTube の「Piano Stairs」という動画で紹介されています）。人はつい階段よりもエスカレーターを選択してしまいます。健康のためには階段を使ったほうが良いと頭では分かっていても、ついそうしてしまうのです。そこで、彼らは、階段に白と黒の電子機械シートを取りつけピアノの鍵盤に見立て、人が階段を踏むと鍵盤に応じた音が鳴るようにしました。つまり、階段を登る行動をした結果、音楽が奏でられるという環境変化が伴うようにしたのです。その結果、エスカレーターよりも階段を選択する人の数が増えたことが示されました。

行動分析学が行動をターゲットにする理由

行動分析学は行動を研究対象とします。これは大変徹底していて、意識や思考といった「これこそ人間の内面だ」と言えそうな現象でさえ、行動の原因ではなく行動そのものだと考えるくらいです。行動分析学の研究者たちは、意識や思考は言語を用いて記述することができ、自分を含む言語共同体という環境によって維持されているものだから「行動」として扱おう、と考えるのです。この点は実際の授業で詳しく扱います。

どうしてそこまで徹底するのでしょう。そこには、行動分析学が行動を改善するための学問として用いられることが関係します（なお、行動分析学の原理を社会的に重要な行動の改善のために応用する分野を、特に応用行動分析学と呼びます）。何か問題が生じたときは、原因に応じた解決を試みますね。その際行動の原因を人の能力や性格など内面に求めると、行動の改善に結びつかないことがあります。

例えば、勉強がはかどらない理由をやる気不足で説明したとします。そこで、やる気不足というのはどこからそう考えたのか、根拠を問われたとします。そうすると、やる気不足の根拠は勉強がはかどっていないからだ、と説明できてしまいます。おかしな説明になっていることにお気づきでしょうか。このようにして、行動の要因を内面に求めると、要因について根拠のある説明ができず事象の言い換えが続くことになりかねません。これを「循環論」に陥ると呼びます。循環論に陥ると、勉強がはかどらない理由が永遠にわからないままとなり解決策も提示できません。

加えて、ある行動をできない人がいたときに、その原因をその人の能力や性格の問題だと考えると、途端にその人に対する悪い感情が浮かんでしまいかねません。これを「個人攻撃の罠《わな》」と呼びます。個人攻撃の罠は私たちの日常生活に広く潜んでいます。みなさんも何か失敗したことに対して、それを性格や能力に結びつけられて評価されたことがありませんか（そして、それについて不満を持ちませんでしたか）。それに対し、行動分析学は、特定の行動を変容させるのを目標とするなら、「うまくやっていく方法」

を直接探すのが効果的と考えるわけです。この点で、私はよく行動分析学のことを人に優しい学問だとお話しします。

行動分析学は問題解決を考える

「部活動でもっと部員に意見を出してほしい」「別れた恋人からの大量の連絡を断ちたい」「三日坊主になりがちなジョギングを続けたい」――行動分析学は、こうした日常的な行動問題にアプローチしていきます。具体的なプロセスを紹介するために、試しに部活動の例を取り上げましょう。

まず、標的となる行動とそれをどうしたいのかを決定します（表6-1の①）。部活動の例では（部員が）発言する行動が標的行動で、それを増やしたいと考えたとしましょう。こうした行動はオペラント行動と呼ばれます。オペラント行動は、環境との相互作用の中で自発的に生じる行動を指します。

次に、標的行動が実際に問題のある状態なのかを観察しましょう（表6-1の②）。部活動のミーティングごとに、部員の発言回数を数えると良いでしょう。問題の状況は自

基本的手法
① 標的行動の選定と定義
② 標的行動の測定
③ 標的行動に関係する変数のアセスメント
④ 行動改善をもたらす介入手続きの立案
⑤ 行動改善の評価
⑥ 行動改善の般化と維持

注）般化：行動改善が介入していない状況においても広がること

園山（2019）を元に作成

表6－1　応用行動分析学の基本的手法

分の思い違いかもしれないので、実際に数えてみよう、ということです。発言回数が実際に少なければ、原因を考えていきます（表6－1の③）。このとき、行動した後の状況（環境変化）に注目します。例えば、部活動で誰かが発言した後に注目すると、恐ろしいほどの沈黙が生じていたとします。なるほど、これでは発言する行動が増えなさそうですね。そうして、発言した後のリアクションの有無が発言行動に影響しているのではないかと仮説を立てることができます。

そこで、発言をした後に、必ず別のメンバーが発言に対する相槌《あいづち》や感想を述べるように協力してもらいます（表6－1の④）。部員が発言する行動に、相槌や感想のリアクションが伴うようにしたのです。

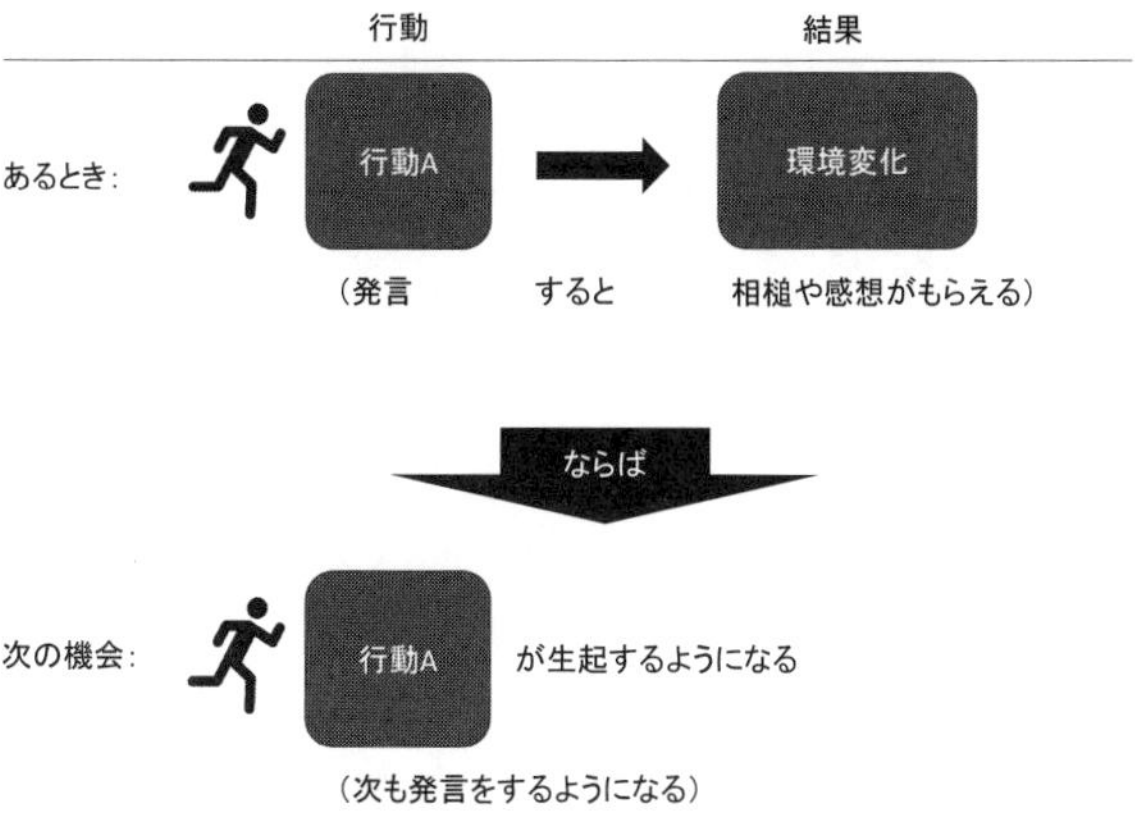

図６－１　行動と環境の関係

すると、次第にミーティング中に部員が発言する回数が増えていったことを確認できました（表６－１の⑤）。このように、行動分析学では「オペラント行動は、行動した結果生じる環境変化によって将来の生起率が変化する」という原理を使って問題を解決していきます（図６－１）。

次は、別れた恋人からの連絡の例を考えてみましょう。「相手がＳＮＳメッセージを送ってくる行動が頻繁である」ことを発見したとしましょう。相手がＳＮＳメッセージを送る行動を標的行動とします。そして、それを減らすことを目標と考えることができます（表６－１の①と②）。

SNSメッセージを送る行動が「増えている」ということは、行動の結果、そこに何らかの環境変化があるはずです。例えば、送られてきたSNSメッセージに対して、何回かに一回は返信をしているということがよくあります（表6－1の③）。「悪いと思って……」「何回かに一回くらいなのだから脈がないのは伝わると思って……」いても、それが相手にとっては一縷《いちる》の望みを繋《つな》ぐことになっていることがよくあるようです。相手からすると、たくさんメッセージを送ればたまに返信があるわけです。こうした状況下では、反応は加速度的に増加することが分かっています（Ferster & Skinner, 1957）。

行動分析学の原理によると、このような場合には一切の返信をやめるのが大切です（表6－1の④）。メッセージを送っても、返信がなければ、行動したことによる環境変化が起こりません。そうすると徐々にメッセージを送る行動は減り、ゼロに近づいていきます（表6－1の⑤）。環境変化が伴わない行動は徐々に減弱することが分かっています。この現象を行動分析学では消去と呼びます。

「でも返信をしないと急にたくさんのメッセージが送られてきたり、『大丈夫？』『どうして返信くれないの？』と強めのメッセージが送られてきたりします」。その通りです。

反応の結果生じる環境変化

環境変化を受けた反応の増減		刺激の出現	刺激の消失
	増加	正の強化	負の強化
	減少	正の弱化	負の弱化

図6－2　行動増減の種類と環境変化の関係

それまで得ていた環境変化が止められると、一時的に反応が大きくなる現象や攻撃性が強くなる現象が起きます。これは、動物（Skinner, 1938）でもヒト（Lerman & Iwata, 1995）でも報告されている興味深い現象です。これについては、何度も繰り返し消去の手続きを行うことで、徐々に反応が減っていくことが多いため、消去手続きは行う方も〝我慢〟が必要だということが分かります。

オペラント行動は、行動した結果の環境変化によって増えたり減ったりします。行動が増えることを強化、行動が減ることを弱化と呼びます（図6－2）。行動した結果の環境変化には、何か刺激が出現するパターン（部活動で発言した後に相槌や感想が出現したことでその後も発言するようになる）もあれば、刺激が消失するパターン（蚊に刺された箇所を掻《か》くとかゆみがなくなることで、その後も蚊に刺されると掻いてしまう）もあります。

また、結果の環境変化だけでなく、行動に先行する事象もオペ

図6－3　三項随伴性

ラント行動を制御する上で重要です。ジョギングの例を考えてみましょう。ジョギングをすると爽快感が出現してジョギング行動が強化される反面、ウェアの準備や時間の確保が面倒になりがちです。このように、ジョギング行動が自発されるきっかけをうまく設定できずに三日坊主になってしまうことがあります。この場合、ジョギング行動の自発を促すようなきっかけ設定をするのが良いでしょう。例えば、ウェアを机の上に出しておいたり、確保できそうな時間をあらかじめ固定しておき、その時間になったらアラームがなるようにしたりすることができます。

　オペラント行動に先行した事象を先行事象、先行事象の中でも行動が自発されるきっかけとなる刺激を弁別刺激と呼びます。行動分析学は、この先行事象（Antecedent）、オペラント行動（Behavior）、後続事象（Consequence）の三つを使って行動が生起する要因を分析し介入をしていきます。これら三つは随伴関係にあることから、三項随伴性（図6－3）と呼ばれます。

行動分析学はじっくり観察する

行動分析学による介入のプロセスで大切なことは、実際に観察することです。例えば、部活動で部員が喋《しゃべ》っているとき、先輩が「喋っていないで集中しろよ！」と後輩たちに注意すると、後輩たちが黙って手を動かしたとします。あなたは、このエピソードを先輩から次のように聞きました。「後輩たちが喋っていたので、注意をしたら手を動かしてくれたよ」。つまり、先輩の話では、先輩の注意をきっかけに後輩たちが手を動かしたようです。

では、実際のところ、「手を動かす」という行動は、何によって強化されたのでしょう。後輩たちが手を動かしたら実際に作業がはかどったからかもしれません（正の強化）。もしくは、手を動かさなければ注意される、つまり手を動かせば嫌な刺激が消失することによって強化されているのかもしれません（負の強化）。先輩の話だけではどちらの随伴性によるものなのか判断ができません。

「どちらだとしても行動が自発しているからいいじゃないか」と思われるでしょうか。

実はそうではありません。まず、どちらの随伴性によっているかがわかっていれば、行動の要因に応じたより効果的な介入を考えたり、現在の手立てでうまくいかなくなったときに別の介入を導入したりしやすくなります。また、長期的な行動の維持を目指すなら正の強化で維持される環境が必要です。負の強化のように、怖い・嫌な刺激から逃避・回避する状況下では、人は試行錯誤をやめてしまうことが報告されています（大屋・武藤・中鹿、2014）。行動分析学の創始者のスキナーも、社会がより幸福に生活を送るためには、嫌悪的な統制ではなく、正の強化で維持される行動が増える環境によって、人がしたいことを自主的にすることが大切と語っています（Skinner 佐藤訳、1991）。

問題解決のためには、人に聞いた話を鵜呑《うの》みにせず、頭の中で勝手に推理をせず、実際に観察して要因を分析した上で介入を試みる、ということが大切なのです。

実際に行動の随伴性を観察して介入を実施している研究を紹介しましょう。カーとデュランドは、標的行動に影響している環境を実験的に確認してから介入を行いました（Carr & Durand, 1985）。彼らは、障害を持つ子どもたちを対象とし、その子たちが教室内で起こす問題行動を改善するアプローチの効果を検証しました。

子どもたちは自閉症や知的障害といった障害を持ち、実際の年齢は七歳から一四歳、言語発達の程度を年齢で表すと二歳五か月から五歳一〇か月でした。問題となっていたのは、子どもたちによる人を叩《たた》いたり大きな声を上げたりといった課題を妨害する行動でした。これに対してカーとデュランドは、教師の報告や観察を元に次の二つが課題妨害行動の要因と考えました。一つは課題が難しすぎるため、妨害することによって課題からの逃避を試みていること、もう一つは妨害する行動に大人が注目して対処することによって、大人から注目を得ることが課題妨害行動を強化していることです。

これを確認するため、課題の困難度（簡単と困難）と大人の注目度（一〇〇％と三三％）を組み合わせて「簡単・一〇〇％」「困難・一〇〇％」「簡単・三三％」「困難・三三％」の四つの環境条件を設定しました。「簡単・一〇〇％」では、子どもたちは絵カードを使った簡単な課題に取り組み、課題を行うごとに必ず大人たちからの注目や声かけを受けました。「困難・一〇〇％」では、課題の難易度は高くなりましたが、課題を行うごとに必ず大人たちが注目して声をかけました。「簡単・三三％」では、子どもたちは同様の絵カードを使った簡単な課題に取り組み、大人たちからの注目や声かけを一

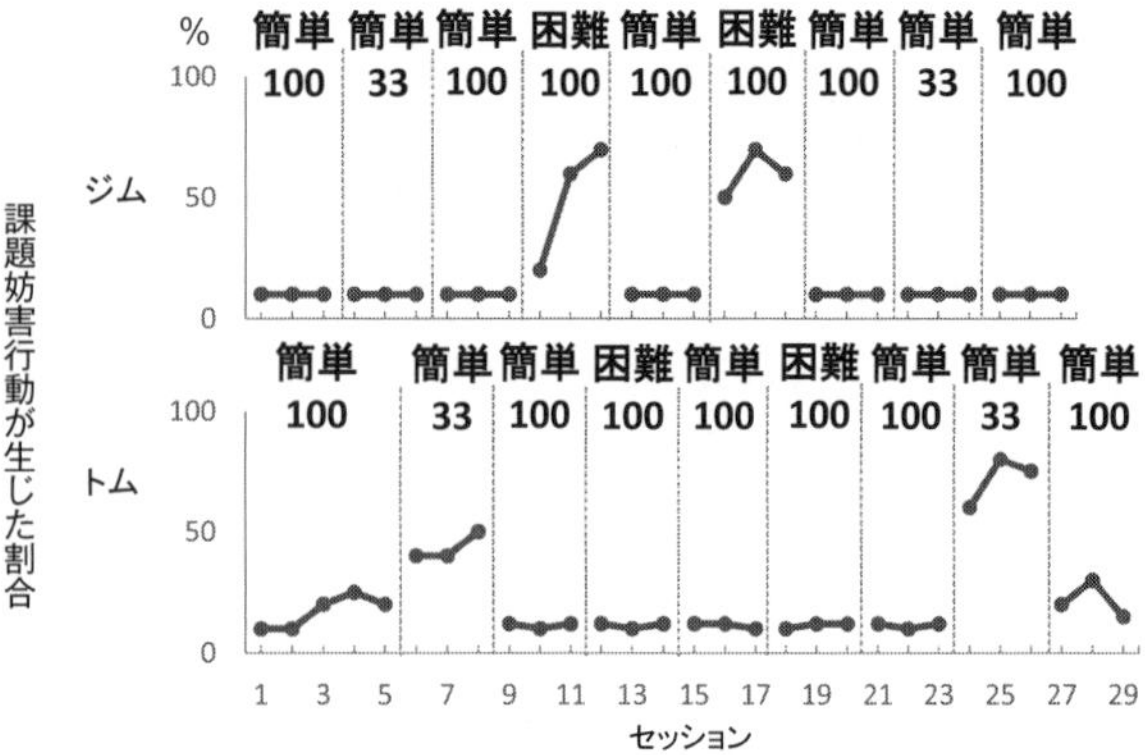

図6-4　ジムとトムの問題行動についての機能分析（Carr & Durand（1985）を元に作成）

〇〇%のときの三分の一の間隔で受けました。「困難・三三%」は、課題の難易度も高く、大人たちからの注目や声掛けも一〇〇%のときの三分の一でした。カーとデュランドは、これらの条件を交互に繰り返しながら子どもたちに課題へ取り組んでもらい、彼らの課題妨害行動がどのくらいの割合で出現するか数えました。図6-4は、参加者のうちジムとトムという二人の子どもの結果を示したものです。

まずジムの図に着目します。「簡単・一〇〇%」下でも「簡単・三三%」下でも課題妨害行動はほとんどゼロであることが分かります。つまり、大人の注目度にかかわらず課題の難易度が簡単なときには課題妨害行動は生起しません。一方、「困難・一〇〇％」下では課題妨害行動の割合は高くなっています。このことから、ジムにとって課題妨害行動は、課題が難しすぎることから逃げる意味があり、逃げられたという環境変化が行動を強化していたことが分かります。一方トムの場合、同じように課題が簡単だったとしても、大人の注目度の違いによって課題妨害行動の割合が変わります。大人からの注目度が三三％に減ると課題妨害行動が生起していることが分かります。一方、注目度が一〇〇％であれば課題の難易度に関わらず課題妨害行動は生起しませんでした。このことから、トムにとって課題妨害行動は、大人の注目を得る意味があり、注目を得たという環境変化が行動を強化していたことが分かります。

カーとデュランドは、以上のように行動の意味を明らかにした上で、それに応じたコミュニケーション・トレーニングを実施しました。例えば先ほどのジムに対しては、課題が難しい際に「先生、わかりません」と言葉にして大人の助けを求める代替の方法を教えました。また、トムに対しては、大人の注目を得る手段として「わたしよくできた？」と言葉にして大人に褒めてもらう方法を教えました。その結果、問題となっていた課題妨害行動が減り代替の行動が増えていきました。

みなさんも仕事や勉強について、人に言われたやり方でやったけれど上手くいかなかったことはありませんか。そういう場合はカーとデュランドのように、まずデータをとって観察を行い、自分にとっての行動の随伴性がどういうものか分析することをおすすめします。

行動分析学は社会に表明する

カーとデュランドの研究でもう一つ重要な点は、問題行動に対してただ叱《しか》って止めさせるのではなく、代わりになる望ましい行動を見つけ、それを増やしていくポジティブな試みを行ったことです。これは、行動分析学が現実場面で人の行動を支援するときのとても重要な枠組みとして広く活用されています。

多くの社会では、古くから問題行動に対して叱ったり罰を与えたりすることによって減らそうという弱化の試みがなされてきました。その最たるものは体罰でしょう。日本行動分析学会は、科学的な実験データをもとに、体罰（身体的なものも精神的なものも含む）に反対する声明を出していきます（島宗他、2015）。そこでは、吉野（2015）がまとめた弱化の問題点が紹介されています。ここではその問題点のうち三つを示します。一つ目は弱化の抑制効果が一時的であり状況に依存することです。例えば、体罰を与える人がいる場面では問題行動が抑制されても、その人がいない場面では問題行動が生じてしまうことが分かっています。二つ目は、体罰には強い苦痛刺激が含まれるため、不安や恐怖、怒りなどの情動反応が高まることが挙げられます。例えば、体罰を受けて学校に行けなくなってしまったり、体罰を与えた人間に対する恐怖心や不信感を高めてしまったりします。三つ目は、体罰の強い苦痛刺激は攻撃行動を誘発してしまうことです。体罰を受けた人が、自分より弱い人や動物を攻撃することが考えられます（詳しくは、吉野が心理学会の機関誌『心理学ワールド』で一般の方向けに解説した公開記事「罰の効果とその問題点」を読んでもらえたらと思います（吉野、2018））。このように、体罰がどうしてダメで代わりにどうすればよいのかを科学的な立場から社会へ提言していくことも、行動分析学が力を入れてきたことです。

行動分析学を生活の中で使う

行動分析学のアプローチは、私たちも日常生活で使うことができます。ここでは、シンプルで簡単なセルフモニタリング手続きについて紹介しましょう。

セルフモニタリングとは、個人が自分の行動の発生に気づき、記録することを指します。驚くべきことに、これだけのシンプルな手続きにもかかわらず、記録している行動に変化の生じることが分かっており、一般的に望ましい方向への行動の変化と関連していることが実証されています（Nelson, 1977）。これを反応効果と呼びます（Nelson & Hayes, 1981）。例えば間食の回数が増えすぎて困っているならば、間食する行動が発生するたびにカレンダーに正の字を書くと間食の回数が減る場合があります。セルフモニタリングは、使い勝手が良いため様々な場面で用いられます。例えば、教育場面で学習行動を促すために用いられたり（Levendoski & Cartledge, 2000）、スポーツでのパフォーマンスを改善するために用いられたり（Polaha, Allen, & Studley, 2004）、ギャンブル行動を減らすための支援に活用されたりしています（Guercio, Johnson, & Dixon, 2012）。近年は、スマートフォンのアプリで体重や食事内容、その日の気分、座っている時間など様々な行動を記録することが可能となっています。これも、セルフモニタリングの原理を利用して行動の改善を試みるツールの一種と言えるかもしれません。実はみなさんも既に活用しているかもしれませんね。

スポーツ場面での研究例を見てみましょう。ポラーハたちは、水泳選手を対象に、セルフモニタリングが特定の水泳技能の向上に効果があるか検討を行いました（Polaha et al., 2004）。ここでは、ストローク数を減らすことを目的としました。研究1では、ストローク数を数えて、その数を口頭でコーチに報告してもらうという方法の効果を検討しています。研究2では、ストロークを数えることに加え、その数をプールサイドのボードに書き込んでもらう手続きを実施しました。水泳選手たちはみなストロークの効率を上げるための練習としてストローク数を数えるという指示自体には慣れていたそうです。研究の結果、どちらの研究においても、ほとんどの水泳選手のストローク数が減少したことが示されました（図6-5）。自分の頭の中で「1、2、3……」と数えるのではなく、口頭やボードといった形で記録をとることによってパフォーマンスの向上につながったことがわかります。

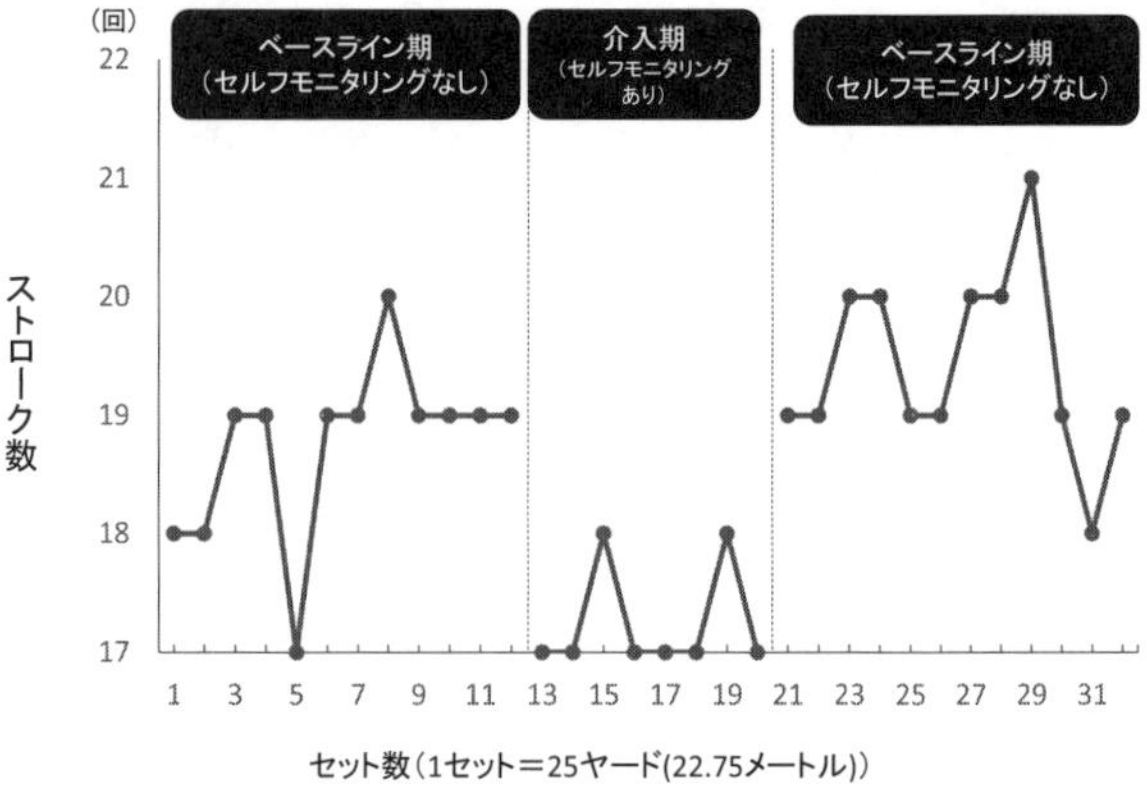

（Polaha et al.（2004）を元に作成）

図６－５　研究１における一参加者のストローク数の経過

最後に、私自身のセルフモニタリング失敗例を紹介しながら、セルフモニタリングの勘所を整理したいと思います。グラフ（図6－6）は、私がある外国の専門書籍を翻訳するプロジェクトに参加し、九〇日後の期限までに四〇ページ分の翻訳作業を行うことになった際のものです。毎日、翻訳したページ数の累計をグラフ形式で記録していきました。行動分析学では、このように行動の発生を時間経過に沿って累積的に描画する累積記録法が用いられることがあります。

その結果、とても極端な形のグラフになっています。セルフモニタリングによる反応効果が十分に現れなかったのには、私にとって

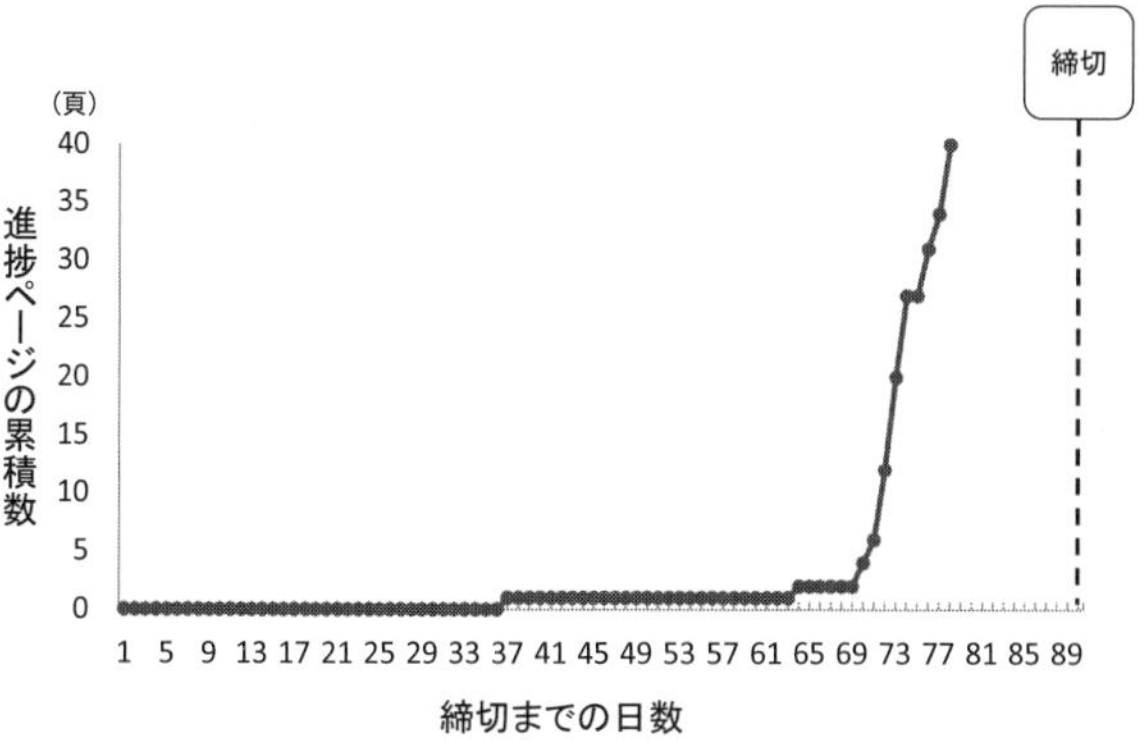

図6-6　セルフモニタリングの一例

締切日という環境の方が毎日可視化されるページ数よりも翻訳行動に大きな影響を持っていたのかもしれないですし、ある時期以降翻訳行動が増えていることから、時期という環境要因が影響していたのかもしれないですし、このとき同じ翻訳を行っていた研究者仲間と互いのグラフを共有していたことによる周囲の影響があるかもしれません。原因は前節でも述べたとおり観察と操作を繰り返して分析しないとわかりません（実際の授業では、研究者仲間三名中二名も私と同様のグラフの形だったことを示しています。締め切りギリギリになってようやく取り組む、これは人間の性なのかもしれませんね）。ただ、一つ失敗だったのは、初期に、その日には記録せず数日後にまとめて記録する日が存在したことです。言い訳になりますが、宿題をやっていないときに、やっていないことを記録するのが大変難しいのはみなさんも分かりますよね。セルフモニタリングは、標的行動が起きたすぐ後に、記録が繰り返し行われたときほど効果を発揮することが指摘されています（Frederickson, Epstein, & Kosevsky, 1975）。みなさんがセルフモニタリングの手続きを実践する際には、ぜひやったことを正直に正確に、そして即座に記録するのをおすすめします。

講義のまとめ

今回の講義では、行動分析学が「行動」に着目し、環境との相互作用の原理を用いて行動変容を試みていること、観察と環境操作によって分析した上でアプローチすること、実際に社会や日常生活で活用できることを紹介しました。他の心理学分野と異なった視点で「こころ」を考えることを楽しんでもらえたでしょうか。とりあえず今日はここまでにしましょう。

第7章　食行動の心理学——食欲とおいしさは何で決まるか　青山謙二郎

底に穴がありチューブが付いた皿

スープ皿の底に普通は穴は開いていませんし、そこにチューブは付いていません。まして、チューブから少しずつスープが補充される皿からスープを飲んだことがある人は誰もいません。奇妙なことを考える科学者の実験に参加した人以外は。何のためにこんな妙な実験をすると思いますか？

私たちはなぜ食べるのでしょう。「必要な栄養を得るため」と多くの人が答えます。では、いつ食べだして、いつ食べやむでしょう。「お腹がへったら（つまり栄養が不足したら）食べだして、お腹がいっぱいになったら（栄養が十分になったら）食べやむ」と多くの人が答えます。あたりまえですよね。

ここで問題です。

問1　お菓子を大きな容器から食べる場合と普通の大きさの容器から食べる場合では、どちらが多く食べるでしょう？　入っているお菓子の量は同じです。

A．大きな容器から食べる方が多く食べる

B．普通の容器から食べる方が多く食べる

C．どちらの容器からでも同じくらいの量を食べる

穴とチューブの皿で実験をしたのはワンシンクというアメリカの研究者です（Wansink et al., 2005）。彼らは底なし皿（bottomless bowl）と呼んでいます。この実験に参加したのは大学生です。といっても実験室で昼食のトマトスープを飲むだけです。はじめに多めの量（五一〇グラム）がスープ皿に入っていて、各自がちょうどよいと感じる量を飲みました。実験に参加した学生の半数は普通の皿から飲みました。つまり穴も開いていませんしチューブも付いていません。残り半数は底なし皿から飲みました。飲んでいる人に気づかれないように少しずつスープを補充しました。この仕掛けで「実際

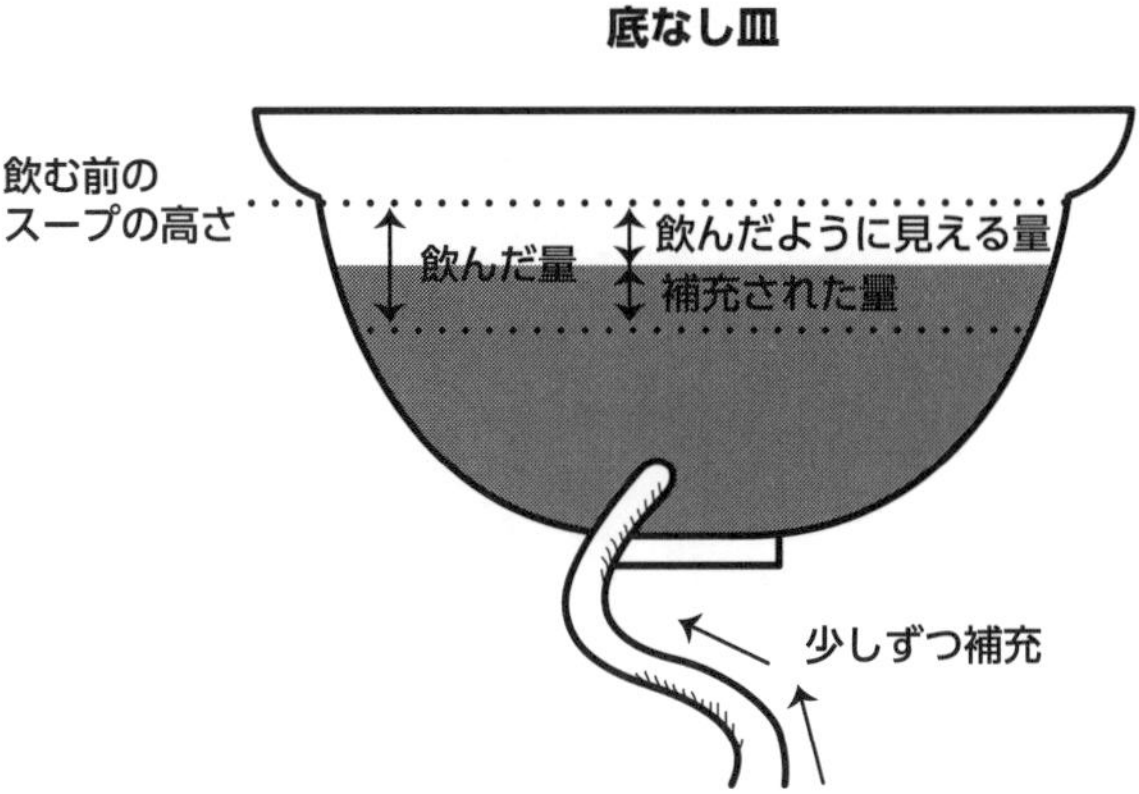

図7－1　穴とチューブの皿

に飲んだ量」と「飲んだように見える量」にずれを作ったのです（図7－1）。

普通の皿からスープを飲むと、飲んだ分だけスープの高さが減っていくのが目に見えます。底なし皿ではどうでしょう。飲んだ分だけは減りません。補充される分、スープの高さは減りにくいからです。仮に普通の皿から飲む条件と同じ量を飲んだならば、「飲んだように見える量」は少なくなります。

底なし皿を使うとスープを飲む量はどうなると思いますか？　二つの考え方から予測を考えてみましょう。一つ目の考え方を「栄養補充説」とします。「私たちは栄養が十分になったときに食べやむ」とする常識的な考えです。普通の皿から飲んだ人たちと底なし皿から飲んだ人たちは、実験に参加したときにお腹の減り方に差はありませんでした。ですから栄養が十分になるまでに飲むスープの量も同じと考えられます。

もう一つの考え方を「見え方説」とします。「私たちは十分な量を食べたように『見えた』ときに食べやむ」という考えです。常識とは異なる考えです。普通の皿条件では平均して二五〇グラムのスープを飲むとしましょう。底なし皿から同じ量を飲んでも補充される分だけ「飲んだように見える量」は少なくなります。逆に言えば、より多くを飲まないと「飲んだように見える量」は同じになりません。同じ量を「飲んだように見える」ところで飲むのをやめるという説ですから、「見え方説」が正しければ底なし皿条件の方が多く飲むはずです。

このように二つの説の予測が異なることが研究では重要なのです。予測が異なる実験場面を考えることができれば、実際にデータを取ってどちらの予測に一致するかを確かめればよいわけです。実験の結果、普通の皿条件での摂取量は平均して約二四〇グラムでした。一方、底なし皿条件ではずっと多くて約四二〇グラムでした。この結果は「見え方説」の予測に合います。明らかに「栄養補充説」の予測とは一致しません。つまり、私たちの食行動は「十分な量の栄養が体内に実際に入ったかどうか」ではなく「十分な量が体内に入ったように『見えたか』どうか」によってコントロールされているのです。ワンシンクは食べる量を決める際に「わたしたちは胃袋ではなくて目を信じる」と言っています（Wansink, 2006）。

「食行動の心理学の授業」で学んでほしいことは、二つに集約されます。

①食行動は栄養が十分か不足しているかという要因だけでは理解できない。

②食行動の理解には心理的要因の解明が重要である。

この授業はとくに心理的要因に焦点をあてて説明を続けます。

大きな皿から食べる

「見え方」の影響を示した研究をもう一つ紹介します。今度は「錯視」という有名な現象に関係します。心理学の概論を学んだ人なら必ず錯視について習ったことがあるはずです。

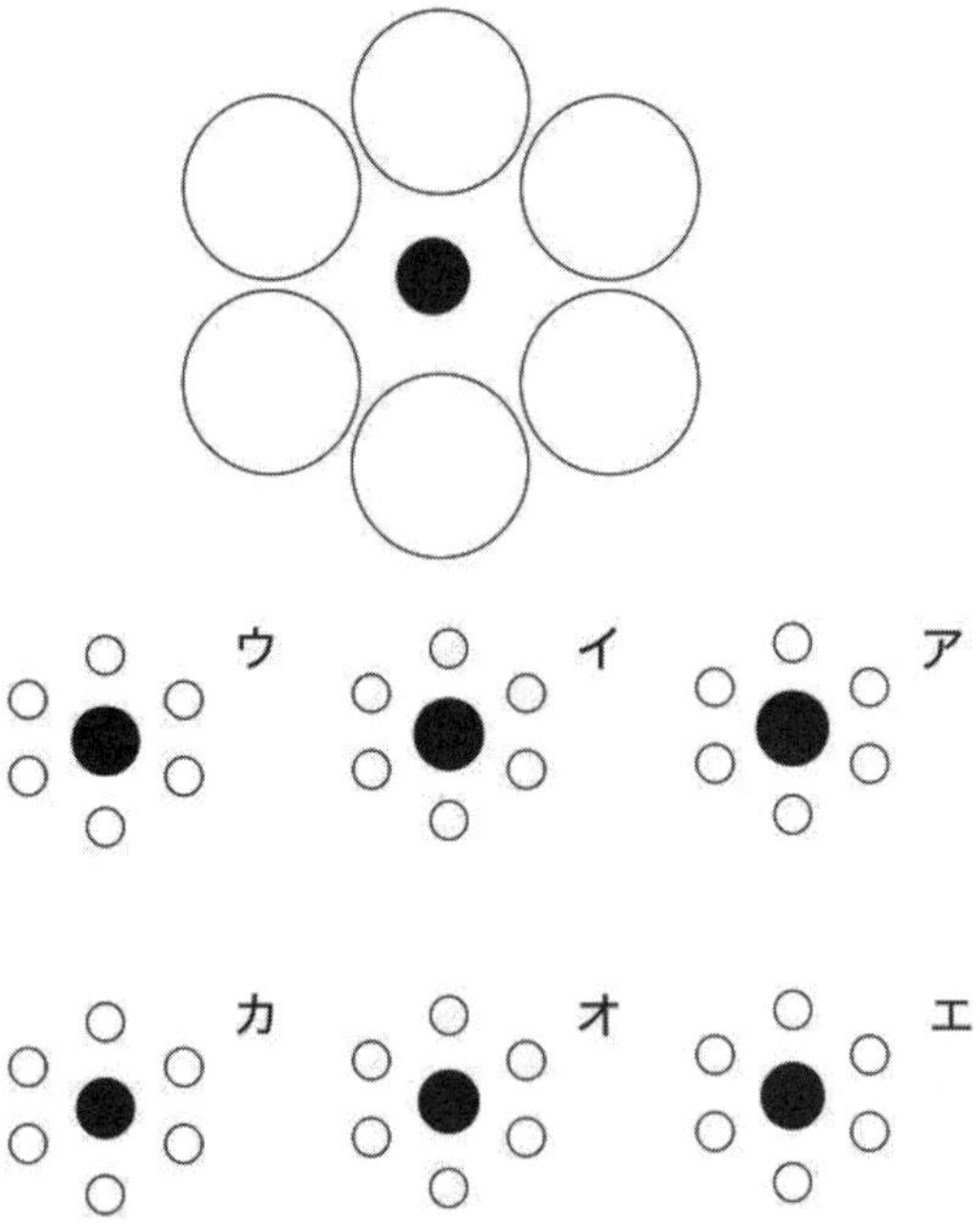

上の黒丸と同じ大きさに見えるのはア～カのどれでしょう？

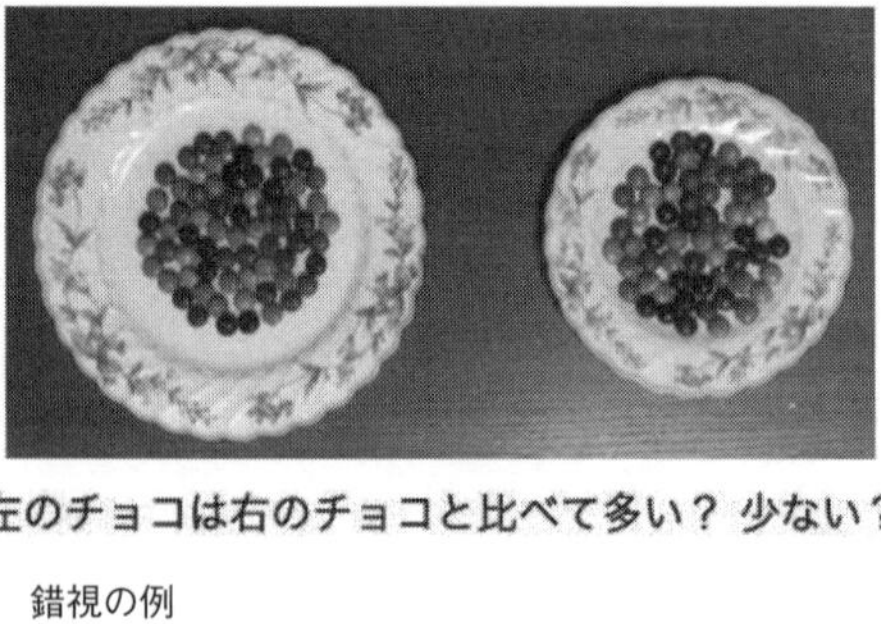

左のチョコは右のチョコと比べて多い？ 少ない？

図７－２　錯視の例

例えば、図7－2を見てください。上の図形では黒丸が大きな白丸に囲まれています。その下の六つの図形（ア～カ）では小さな白丸に囲まれています。上の黒丸と同じ大きさなのはア～カのどれに見えますか。皆さんに事前にアンケートをとったところ、一番多かったのはカ（四七パーセントの人がカを選びました）で次に多かったのはオ（二八パーセントの人が選びました）でした。しかし正解はアです。これが錯視です。私たちは対象の大きさを周囲との比較によって知覚する傾向があります。ですから、周囲が大きいほど対象は小さく見えるのです。上の黒丸の直径を一〇〇とするとカの直径は七四です。ですから、面積では五五パーセント程度です。周囲の白丸の大きさで、黒丸の面積の見え方が大きく変わるのです。

この傾向は食べ物と容器の関係にもあてはまります。つまり小さな容器に入った食べ物に比べて、大きな容器に入った食べ物は少なく感じられます。図7－2の下を見てください。小さなお皿に比べて大きなお皿のチョコは何パーセントの量だと思いますか？七〇パーセント、八〇パーセント、九〇パーセント、一〇〇パーセント、一一〇パーセント、一二〇パーセント、一三〇パーセントの七つから答えてもらったところ、最も多く選ばれた答えは一〇〇で（五〇パーセントの人がこれを選びました）、次に多かった答えは九〇（二三パーセントの人が選びました）でした。全員の答えの平均は九九パーセントでした。つまりほぼ同じ量に見えました。実際は小さなお皿のチョコレートが五〇グラムに対して大きなお皿では六〇グラムです。つまり一二〇パーセントでした。大きなお皿に入れると少なく見えることがわかりますね。

問1について思い出してください。「栄養補充説」と「見え方説」から考えましょう。「栄養補充説」では必要な栄養を摂取したときに食べやむのですから容器の大きさは関係ありません。「C．どちらの容器からでも同じくらいの量を食べる」と予測されます。

では「見え方説」ではどうなるでしょう。大きめの容器に入った食べ物は少なく見えます。普通なら出された食べ物の半分程度を食べただけで「十分な量を食べたように『見える』」としましょう。ところが、大きめの容器に入れられると半分程度を食べただけでは十分な量を食べたように見えないのです。大きな容器の中では食べ物が少なめに見えるので、「実際に食べた量」よりも「食べたように見える量」が少なくなるのです。どこかで聞いたフレーズですね。つまり「大きな容器」とは、日常生活における「底なし皿」なのです。大きな容器から食べる場合、普通よりも多くの量を食べてようやく「十分な量を食べたように『見える』」のです。ですから「A．大きな容器から食べる方が多く食べる」と予測されます。

実際の実験結果はどうなるでしょう。ある研究では実験室に研究参加者に来てもらって、チョコレートを好きなだけ食べてもらいました（Marchiori et al., 2012）。二つの条件のどちらでもチョコレートは二〇〇グラム入っていました。ある条件では容器が小さめ（二五〇ミリリットル）で、他方の条件では大きめ（七五〇ミリリットル）でした。実験参加者が食べた量の平均値は小容器条件で約三〇グラム、大容器条件で約七〇グラムでした。大きな容器からなら倍以上食べています。つまり「見え方説」の予測に一致する結果でした。小さめのお皿を用いることでダイエットにつながるかもしれませんね。

容器の大きさは食べ残しの量にも影響します。ブッフェ形式の昼食会場で小さめのお皿（直径二四センチ）を使った場合と大きめのお皿（直径二七センチ）を使った場合では、一人あたりの食べ残しの量が前者では約一五グラム、後者では約二一〇グラムでした（Hansen et al., 2015）。大きめのお皿に食べ物を取ると、食べ物は少なめに見えます。ですから「ちょうど良い量」と思って取った量は、実際には多めの量になります。その結果、食べる量も多くなるのですが、食べ残しも多くなると考えられるのです。仮に一回の食事で食べ残す量が五グラム変わるなら、一人あたりの食べ残しは一年で約五・五キログラム変わることになります。一億二五〇〇万人の日本なら一年で約七〇万トンです。お皿の大きさを少し小さくすると地球にやさしくなるのです。

お昼ごはんのことを覚えているか

ここで次の問題です。

問2　お昼ごはんを食べるときにテレビを見ていました。テレビを見ていなかったときと比べて、三時のおやつの量はどうなるでしょう？

A.テレビを見ながら食べた後のおやつは多く食べる
B.テレビを見ながら食べた後のおやつは少なく食べる
C.どちらでも同じくらいの量を食べる

アメリカの四八歳の男性R．H．さんは子牛のカツレツが好きで、それを昼食に食べました。十分な量の昼食でしたので、少し残しました。その後、R．H．さんと研究者が短時間の会話をしました。R．H．さんは脳の海馬《かいば》が損傷されていて記憶障害があります。少し前の出来事が記憶できず、会話の間に昼食の記憶が失われてしまいます。もちろん、短時間では昼食で摂取した栄養は失われません。その後、もう一度同じカツレツの昼食を出しました。R．H．さんはまた同じぐらいの量を食べました。その後、またしばらく会話をして三回目の昼食を出しても、また同じくらいの量を食べました。食べた量は三回とも三五〇キロカロリー程度でした（Rozin et al., 1998）。

この例から何がわかりますか？　食べたことの記憶が食行動のコントロールに重要なことがわかると思います。ここまでは「栄養補充説」に対して「見え方説」を説明しました。ここでは「栄養補充説」に対して「記憶説」を説明します。もし摂食量が「栄養補充」だけで決まるのであれば、R．H．さんの二回目や三回目の昼食は食べる量が大きく減るはずですね。しかし同じくらいの量が食べられたのです。

その日にお昼ごはんを食べたかどうかを忘れる人はこの教室にはいないと思います。しかし昼食の記憶の強さは状況により異なります。イギリスの心理学者であるヒグスの研究を紹介します（Higgs, 2002）。大学生が実験室に一日に二回来てくれました。一回目は一二時半で、ピザの昼食をすべて食べてもらいました。二回目は午後三時に来てもらい、ビスケットを一〇分間で好きなだけ食べてもらいました。ただし、ビスケットを食べる前に紙に何かを書いてもらいました。半数の人は昼食のピザについて書くことを求められました。残り半数の人は何についてでもいいので書くよう求められました。書いた内容以外は二つの条件はまったく同じです。どちらの条件で多く食べたと思いますか。自由な内容を書いた条件では平均すると約七〇グラム、昼食のピザについて書いた条件では約五五グラムのビスケットが食べられました。つまり昼食について書くことで昼食のピザのことを思い出した条件では食べる量が少なくなったのです。

記憶は心理学で最も研究されてきたテーマの一つです。「認知心理学」（第1章）を履修した人は記憶には記銘、保持、想起の三段階があることを学んでいると思います。ヒグスらの研究ではビスケットを食べる直前に数時間前に食べた昼食について書くことで

「想起（思い出す段階）」を促進しました。では他の段階で記憶を促進したらどうなるでしょう。私たちのゼミでの研究を紹介します（山﨑他、2014）。四年生が卒業論文のために実施した実験です。その後に学術論文になっています。実験に参加したのは皆さんの先輩の大学生です。各自でいつも通りの昼食をとった後で、その約二時間後に実験室に来てもらいました。ただし、半数の人には、昼食を食べる際にその内容を携帯電話のメモに「ご飯、チキン甘辛ステーキ、ポテトサラダ、みそ汁」などと入力してもらいました。残り半数にはこのような指示はしていませんでした。それ以外は二つの条件に違いはありません。入力することで「記銘（覚える段階）」段階を促進したのです。実験室ではひと口サイズのクッキーを好きなだけ食べてもらいました。昼食を入力しなかった条件では平均して約一八枚のクッキーを食べましたが、メモに昼食を入力した条件では約一二枚のクッキーしか食べませんでした（約七五キロカロリーの差です）。つまり、想起だけでなく記銘段階であっても、昼食の記憶を促進すると、その後の間食が減るのです。ちなみに、この頃はまだスマホではなくガラケーを持っている人がほとんどでした。スマホでお昼ごはんの写真を撮る人がいますよね。写真を撮ることで記憶が強まるのであれば、その後の間食が減るかもしれません。

問2について考えましょう。テレビを見ながら食べることで昼食から注意がそれて、記銘が阻害されると考えられます。実際、ヒグスの別の研究ではゲームをしながら昼食を食べたり、テレビを見ながら昼食をとると、その後の間食の量が増加しました(Higgs, 2015)。先ほど、スマホで昼食の写真を撮るとその後の間食が減る可能性を指摘しました。しかし、写真を撮った後もスマホを触りながら昼食をとることが多いですよね。そうすると記憶はむしろ弱くなって、その後の間食が増えるかもしれません。

おいしさとシカク

視覚が食べる量に影響することは既に説明しました。それだけでなく味の感じ方にも影響します。よく研究されているのは四角い形や丸い形と甘みの関係です。ある研究では形が甘みの感受性に影響を与えることを示しています(Liang et al., 2017)。研究参加者はモニタの図形を五秒間見てから、さまざまな濃度の砂糖水を繰り返し飲み、その度に甘い味を感じたかどうかを報告しました。図形は丸や三角や四角などの形でした。その結果、砂糖の濃度がとても薄い条件ととても濃い条件では形による差はありませんでした。ただし、甘みを感じるかどうかギリギリの濃度では、円や楕円の後では三角や四角、星形の後よりも、甘みを報告する確率が高かったのです。つまり丸い形で甘みの感受性が高まったのです。

別の研究ではチョコレートの形と味に対する期待の関係を調べています（Wang et al., 2017）。角張った形と丸い形のチョコレートを使いました（図7－3）。実験の参加者はチョコレートを見て（食べる前に）、どのくらい甘そうか、苦そうかなどを評価しました。その結果、丸い形のチョコの方がより甘そうと評価されました。反対に角張った形の方がより苦そうに評価されました。好みに関しては形で差がありませんでした（この研究では食べた後の評価には形は影響しませんでした）。

食べる前の評価で差が出るのであれば、パッケージにチョコレートの写真を載せることで消費者の期待を変えることができる可

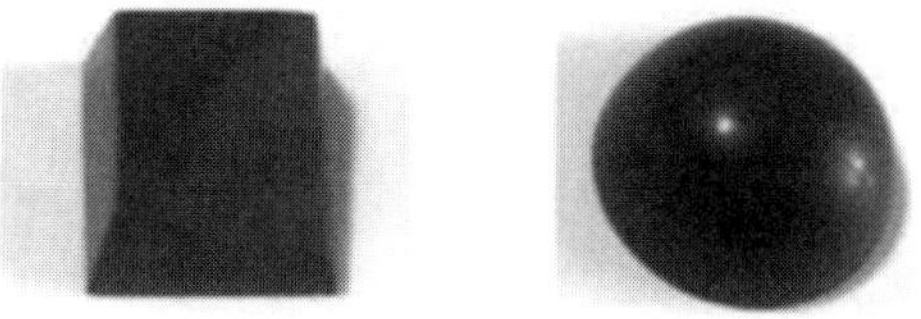

図7－3　チョコレートの形と味
Wang et al.（2017）より

能性があります。食品メーカーに就職したと思ってください。健康のために糖分を減らした新商品のチョコレートを発売するとします。当然、糖分が少ないことをアピールします。一方でしっかりした甘さがあることも消費者に伝えたいですよね。そうするとチョコレートを丸い形と角張った形のどちらにするのがよさそうですか？　また、食べるときに目にするパッケージのデザインも丸や楕円《だえん》などの形を用いるのと四角や星形などの形を用いるのとどちらが良さそうですか？　丸い形の方がよさそうですよね。

お皿でおいしさが変わる

あなたがレストランのシェフならば、料理に合ったお皿を選ぶのに気を配るでしょう。お皿の色や模様などのデザインで料理を引き立てることもできれば、台無しにしてしまうこともあります。

本日最後の問題です。二問あります。

問3　高級そうなお皿から食べたときと、安そうなお皿から食べたとき、どちらがおいしいと感じるでしょう？
A．高級そうなお皿から食べたときの方がおいしく感じる
B．安そうなお皿から食べたときの方がおいしく感じる
C．どちらのお皿から食べてもおいしさは変わらない

問4　同じ大きさ同じデザインで、重さだけが異なるお皿を使います。おいしさはどうなるでしょう？
A．重いお皿から食べた方がおいしく感じる
B．軽いお皿から食べた方がおいしく感じる
C．重くても軽くてもおいしさは変わらない

僕は毎朝コーヒーを豆から碾《ひ》いてハンドドリップで淹《い》れて飲んでいます。普段は二〇〇グラムで四五〇円くらいの豆を使っています。しかし先日、二〇〇グラムで一六〇〇円もする豆を買いました。豆を碾いてお湯を注ぐと泡立ちが普段と違います。味もさす

がにおいしく、とても満足しました。

皆さんは「青山先生に本当に味の違いがわかるのか。高いからおいしいと思い込んでいるだけはないか」と疑ったのではないでしょうか。正当な疑いです。

価格の情報は味覚に影響します。同じワインを安い価格だと伝えた場合と高い価格だと伝えた場合では、後者の方がおいしいと評価されます。それだけでなく快経験の処理に関わると考えられている脳部位（眼窩《がんか》前頭皮質）の活動も高くなります（Plassmann et al., 2008）。この部位はタバコを吸うことやチョコレートを食べること、さらにはゲームをすることなどに対する我慢できないほどの欲求（渇望）に関係する部位でもあり、「生理心理学」（第5章）の授業で学んだ人もいると思います。

高価な物はたいてい品質も良いです。ですから価格を伝えられることで品質に関する期待が変わり、それがおいしさの評価に影響すると考えられます。価格以外でも品質に関する期待を高める情報に接すると、よりおいしく感じるはずです。

カリフォルニア州産のワインはアメリカではとても人気があります。ナパ・ヴァレーやソノマ・ヴァレーは銘醸地として特に有名です。日本にもたくさん輸入されています。

一方、ノースダコタ州はワインの名産地ではありません。寒くて乾燥しているので小麦畑には向いていますがブドウ畑には向いていません。ノースダコタ州と聞いてワインを思い浮かべるアメリカ人は皆無と言ってよいはずです（言いすぎかもしれませんが、私が共同研究したことのあるノースダコタ大学の先生と食事をしながらこの話をしたときに「そんなアメリカ人はいない」とビールを片手に断言してくれました）。そんなわけで、ある研究（Wansink et al. 2007）ではアメリカ人の研究参加者にワインの産地を「カリフォルニア」と伝えるか「ノースダコタ」と伝えるかで期待を変えました。ある条件ではワインのボトルにカリフォルニア産、別の条件ではノースダコタ産と書いてありました。ワインと一緒に出したチーズには何も書いていませんでした。飲食後に評価を聞いたところ、「カリフォルニア」の表示があるワインの方がおいしいと評価されました。チーズについても評価してもらいました。興味深いことに、チーズには産地の情報などは与えなかったのに、「カリフォルニア」ワインを飲んだ人々の評価が「ノースダコタ」ワインを飲んだ人々の評価を上回りました。レストランの経営者なら期待を高める料理や飲物を一つ出せばよさそうです。それによって他の食べ物も期待が高まって、おいしく思ってもらえそうだからです。

問3に戻りましょう。食器の善し悪しは食べ物の品質に対する期待を変えそうですね。「A. 高級そうなお皿から食べたときの方がおいしく感じる」が正解だと思った人が多いのではないでしょうか。たぶん正解です。意外なことにこのテーマを直接扱った実験はないようです。この授業のために文献を探したのですが見つけられませんでした。もう一度よく調べて本当になければ、この実験をゼミでしてみようと思っています。ただし、写真を見せて「魅力的か」や「どのくらいの金額を払って良いか」を評価してもらった実験はあります。紙皿の上の料理と陶器の皿の上の料理では、陶器の上の料理の方が魅力的で、高いお金を払っても良いと評価されました（Kuo & Barber, 2014）。

次に問4です。実は重さも関係するのです。先述した丸と四角のチョコレートの実験をしたイギリスのスペンスらのグループの研究では、参加者に直径約一六センチメートルの白い陶器のお皿からヨーグルトを食べてもらいました（Piqueras-Fiszman et al., 2011）。その際、利き手でスプーンを、反対の手でお皿を持つように指示されます。お皿のデザインはまったく同じなのですが、軽いお皿は三七五グラムで、中程度の重さのお皿は六七五グラム、重いお皿は九七五グラムでした。三つの重さのお皿からランダムな順番でヨーグルトを食べて、そのたびにヨーグルトの好ましさを評価してもらいました。その結果、重いお皿から食べたときに、軽いお皿から食べたときよりも好まれることがわかりました。この研究ではどのくらい値段が高そうかも評価してもらっています。重いお皿から食べたときに他のお皿から食べた時よりも高そうだと判断していました。食器の重さの感覚も高級感と結びついているのです。

スペンスのグループの別の研究（Michel et al., 2015）では、イギリスの高級ホテルでランチのコース料理を食べてもらいました。この実験ではメイン料理に使うフォークとナイフの重さを変えました。重いフォーク（八四グラム）とナイフ（一三二グラム）を使った方が、軽いフォーク（二六グラム）とナイフ（三八グラム）を使った条件より料理の評価が高くなりました。この研究の参加者は招待されていたのでランチは無料でした。支払っても良い金額を聞いたところ（実際には支払いません）、重い条件で約一四ポンド（約二四〇〇円）、軽い条件で約一二ポンド（約二一〇〇円）でした。スプーンとフォークが重いだけで一割以上高く払ってもよいと思ってくれるのです。将来、外食産業に勤めるかもしれない人は覚えておいてください。必ずしも高価な食器をそろえる必要はありません。食器やナイフなどの重さを変えるだけで料理の評価が向上し、お客さんは高い金額を払ってくれるのです。

今週は食べる量とおいしさの両方に心理的要因が影響することを説明しました。具体的には食べる量に視覚の影響が大きいこと、また記憶が影響することを説明しました。おいしさにも視覚が影響しますし、重さの感覚も影響します。そして期待がおいしさを変えます。これらの心理的要因を理解することで、健康な食生活を実現し、食品ロスを減らし、食事を楽しみ、また売上を増やすことにもつながるはずです。ただし、科学の世界では新しい実験データによって定説がひっくり返ることがあります。今週の講義内容も次週には変わっているかもしれません。

おわりに——紙上体験からリアルな心理学部へ

七科目の講義の受講、どうもお疲れ様でした。心理学のイメージに何か変化はありましたか？「ちょっとした仕草から相手の心はお見通し」、「人心を掌握できる」、「モテる（？）」といった通俗的スキルの修得を期待していた人は、学問としての心理学はずいぶん様子が違うと思われたことでしょう（かく言う私も入学するまでそういう期待をしていたひとりです）。本書の内容は、いずれも実際の大学での講義を土台にしています。ですので、「当初のイメージとは違うけれど、講義の内容は面白かった」という読者は、学問としての心理学と相性が良いといえます。

学問としての心理学は、多彩な分野において、理論とデータによって人の心についての理解を深めようとするものです。このうち、〝多彩な分野〟に関しては、本書の七科目だけでも心理学の幅の広さを感じられたと思います。

しかも、実際に用意されている講義科目はさらに多彩です。発達・教育系の科目として、発達心理学、乳幼児心理学、教育心理学、学校心理学、等々があり、基礎系の科目としては知覚心理学、学習心理学、感情心理学、等々、社会系の科目として、実験社会心理学、産業・組織心理学、環境心理学、等々、臨床系の科目として、心理的支援法、障害者・障害児心理学、福祉心理学、等々……キリがないのでこれくらいにしておきますが、他にも、本書第7章「食行動の心理学」のように、その大学ならではのユニークな科目もあります。

また、〝データによって理解を深める〟ということについても、本書の講義中に頻繁に数字が出てきたり、図表が多かったりしたことでも実感できたのではないでしょうか。思弁的な議論に終始するのではなく、実験や調査を実施し、得られたデータの分析結果に基づいて、心についての理論を発展させるのが近代以降の心理学です。そのために必要なのが、実験や調査を設計、実行し、得られたデータを分析する能力です。冒頭（八ページ）の時間割をもう一度ご覧ください。そこに組み込まれている「心理学実験」や「心理学データ解析実習」などの演習・実習系科目がそれらの能力を身につけるための科目です。

心理学部で学生生活を送る醍醐味《だいごみ》のひとつは、こうした実習・演習科目を通して実践力を修得することにあるといえます。

もちろん、実習・演習科目を履修したからといって、すぐにベテラン研究者と同等に社会調査を実施したり、実験室実験を行ったりできるようになるわけではありません。しかし、音楽を例にとって想像してみましょう。単に音楽を聴くだけではなく、自分が演奏する側に立って練習するようになると、（演奏はまだ初心者でも）音楽を別の次元から聴けるようになります。それによって好きな曲のすごさが一層わかるようになったり、複雑な印象を抱いていた曲が実はシンプルな要素で構成されていることに気づいたりします。つまり、消費者として受け身の姿勢で接するだけでなく、生産者側、作り手側にも立つことによって、音楽の楽しみ方や聴き方が豊かになるということです。研究についても同じです。

心理学部生になるということは、単に受け身の立場で先人の研究成果を鵜呑《うの》みにするのではなく（それだけなら他学部所属で心理学科目を聴講すればよい）、テキストで紹介されている興味深い心理的現象が本当に起こるのかを自分で確認したり、あるいは一定の条件が揃《そろ》わないと起こらないことを明らかにしたりする、知の生産者側に立つことを意味します。そういった活動に携わりながら、心についての理解を豊かにしてゆくことが心理学の専門課程で学ぶということです。

実際、卒業研究で著名な研究を再現しようとしても、元の論文で報告されるような結果にはならない、ということは珍しくありません。そういう意味では、心理学部を卒業した人たちは、「心理学によると……」という言説を妄信しない、けれども根拠もなしに否定しない、そういう一定の距離感を身につけているといえるでしょう。

今、心理学のみならず、さまざまな科学領域で再現性が問題となっています。著名な理論であっても、追試研究をしてみると理論通りの結果が安定して現れないという報告を方々で耳にするようになりました。本書で紹介されている知見のうちのいくつかは、数年後「実は間違っていた」、「そんなことは起こらない」と否定されることになるかもしれません。せっかく勉強したことが実は間違いだったというのは残念なことです。しかし、心についての誤った見解が淘汰されるのは健全なことであり、知が更新されるというのは心理学が生きている証しだといえるでしょう。心についての知識を得るだけでなく、自分の目で見てみたい、更新してやりたい、という読者は、心理学という学問と相性が良いだけではなく、心理学部の学生となることに相性が良いといえるでしょう。

さて、心理学部を卒業した後の進路についてお話ししましょう。

最初に強調しておきたいのは、進路を選定する基準は、「自分にとって学生生活をいちばん充実させられるのはどの学部か」にするのがよいということです。言い換えると、卒業後の進路ばかり考えて学部を選ぶことは得策ではない、ということです。中学時代は高校進学のことばかりを考え、高校入学直後から大学受験で頭がいっぱい、大学に入ったら就職に思い悩み、就職したらひたすら退職後の人生設計を考え続ける。そんな人生ってどうなんでしょう。そもそも入社した途端に定年後のことを考える人に入社してもらいたいと思う企業はないでしょう。「この学問なら関心を持って取り組める」という学部に進学し、そこで充実した生活を送ることが、結局は将来にもつながると思います。

上記のことを大前提としたうえで、とはいえ、卒業後も人生は続くのですから、将来の見通しを今の選択に反映させようとするのもまた当然のことです。心理学が面白そうだと思えばこそ、それがどう自分の将来につながるのか、一層知りたくなるはずです。

結論からいうと、学部を卒業してそのまま社会人となる人は、ほとんどが一般の会社員や公務員として職を得ています。これは他の学部でもほぼ同様で、学部卒レベルで専門家として採用されることは難しく、専門家を目指す人は大学院に進学します。例外的には公務員の心理職において受験区分が大卒と院卒に分かれているものがあり、かなり難関ですが学部卒で心理職に就くことができます。例えば、家庭裁判所で取り扱っている少年事件の調査などを行う「家庭裁判所調査官」がこれにあたります。他に警察庁の科学警察研究所（通称・科警研、国家公務員）でも、国家公務員総合職試験による採用の場合には大卒と院卒に分かれています。警視庁・各都道府県警の科学捜査研究所（通称・科捜研、地方公務員）の心理職は社会的によく知られた専門職のひとつですが、こちらは他の多くの心理職公務員と同様に〝大卒以上〟が受験区分となるため、学部卒者にとって院卒者が手強い競争相手となります。

そういった裁判所や研究所の職員よりも、皆さんが心理学の専門職として最初にイメージするのはカウンセラーでしょう。カウンセリングや心理療法（セラピー、トリートメント）は、日本では臨床心理学を基盤とする実践的活動として知られています。たとえば、スクールカウンセラーは皆さんにとって比較的身近な心理学の専門家かもしれません。社会的に認められた臨床心理学の専門家になるためには、基本的に大学院修士課程（博士前期課程、二年間）への進学が必要です。それは国家資格である公認心理師も民間資格である臨床心理士も、受験資格として指定された大学院科目の単位取得が基本的には求められるからです。特に、公認心理師の受験を目指す場合、大学院進学前に必要な学部科目を修得する必要がありますので、進学先を選択するときにはその大学・学部のカリキュラムが公認心理師に対応したものであるかどうかをチェックした方が良いでしょう。地方自治体の子ども家庭支援センター等では、非常勤職員の募集でさえもこれら専門資格を必要要件とすることが多いのです。

心の問題を扱う福祉系の国家資格として精神保健福祉士がありますが、公認心理師や臨床心理士など心理系の専門職とはどう違うのでしょうか。精神保健福祉士の主な業務は精神障害者とかかわりながら、その人たちの社会参加や日常生活をサポートし、さまざまな社会的資源を本人や家族に繋《つな》げることです。学問的基盤は社会福祉学で、資格取得のための受験要件として福祉系大学や短期大学等で指定科目の単位取得が求められます。学問的基盤が社会福祉学であるという点では社会福祉士も同様ですが、こちらの業務は福祉の現場で要支援者の日常生活を広くサポートすることです。

一方、心理系専門職は障害者に限らず心の問題を抱える人を広く対象とし、心理状態の観察と分析を行って、本人やまわりの人との相談やアドバイスを行います。学問的基盤は当然、心理学です。心の問題を中心に心理療法やカウンセリングを行う心理系の専門職と、福祉の現場で要支援者の日常生活をサポートする福祉系の専門家は、時には似通った業務内容を担うことを求められることもありますが、お互いに協力しながら、依って立つ学問的基盤の違いを活かすことで連携して働いています。

ここまで心理専門職の話をしてきましたが、多くは心の問題を抱える人をサポートする臨床系の仕事でした。しかし、本書の講義でもお分かりのように心理学は幅広く、臨床心理学は重要な領域ではありますが、心理学のすべてではありません。では、すべての領域で研究を進めるエンジンとなる職種は何か。それは大学の研究職、つまり、大学教員です。

現在、大学で研究職を得るには学部卒業後、修士課程（博士前期課程）の二年と博士課程（博士後期課程）の三年、あわせて少なくとも五年以上をかけて博士号を取得する必要があります。その上、博士号を取得してもすぐに常勤の研究職を得ることは容易ではなく、うまく常勤研究職につくことができても最初は任期制のポストであることがほとんどです。任期制の場合、たとえば五年以内に研究業績を積んで次の職場を探さねばならず、若手時代はかなりプレッシャーのかかった研究者生活を過ごさねばなりません。心理学では、大学や専門学校での非常勤講師の口がそこそこありますので、とことん困窮することはないのですが、厳しいことにかわりはありません。

このように博士号を取っても安定した生活を送れないことはポスト・ドクター問題として社会的にも認知されています。ですから、私は大学院進学の相談を受けると必ず「やめておいた方が良い」と答えることにしています。私自身、大学院受験の面接で「君ねぇ、四〇歳、五〇歳になって定職につけていない自分を想像してごらん、どう思いますか？」と真顔で問われ、「今この場でそんなこと言わなくても！」と内心思ったものです。しかし、今となってはあれは圧迫面接ではなく、本当に伝えるべきことを伝えてくれていたんだ、ということがわかります。

ですが本当は、ものすごく優秀で（研究の理解力・企画力が高く）、ものすごく鈍感で（定職に就いていない自分が想像できず）、ものすごく傲慢《ごうまん》で（研究者としてやっていける自信しかなく）、ぜんぜん物怖《ものお》じしない（誰とでも意見交換できる）学生にはぜひ大学院進学を検討して欲しいと思っています。研究職に就くことは確かに容易ではありませんが、プロスポーツ選手やプロ棋士になるよりはるかに簡単です。

若手研究者育成制度を設ける大学もあり、例えば、同志社大学では博士号を取得した翌年度から任期制の特別任用助教・助教として採用する制度があって、これを経て他大学の常勤研究職につく若手もいます。同志社の心理学大学院は二〇〇九年に開設しましたが、それ以降、博士後期課程に規定の三年以上在籍した大学院生が本書執筆時点で四二名おり、そのうち三一名が博士号を取得しています。さらにそのうち二四名が博士号を取得してすぐに常勤の研究職に就いています（一四名はいきなり他大学等の研究職、一〇名は前述の特別任用助教・助手）。特別任用助教・助手も多くはその後他大学で常勤研究職を得ておりますので、結局、学位取得者三一名のうち二六名が大学で常勤の研究職に就いています。

学位を取得するまでが一筋縄ではいきませんので、「結構、広き門だな」と判断するのは早計ですが、逆に「絶対ムリ」と諦めるような数字ではありません。実際には、研究職につきやすい大学院とそうでない大学院の差はたいへん大きく、右に紹介した数字は良好な大学院のそれにすぎないことには注意が必要です。また、手厚い若手研究者育成制度を設けている大学も限られています。いずれにせよ、研究職を狙うなら中長期的な見通しと覚悟が必要になります。

多くの心理学部生は充実した四年間の学生生活を過ごし、卒業とともに、理論とデータに基づいて心を捉えようとする「心理学マインド」を携え、社会へと巣立っていきます。紙上体験の講義を面白いと感じ、心理学を専門として学びたいと思われた読者もこの将来像を基本形としつつ、しかし、心理専門職、研究職への野心を胸に抱いて、リアル心理学部の門戸を叩《たた》かれてはいかがでしょうか。

中谷内一也

引用文献

第1章

Atkinson, R. C., & Shiffrin, R. M. (1968). Human memory: A proposed system and its control processes. In K. W. Spence, & J. T. Spence (Eds.), *The psychology of learning and motivation: Advances in research and theory, Vol. 2* (pp. 89–195). New York: Academic Press.

Bower, G. H. (1981). Mood and memory. *American Psychologist, 36*, 129–148.

Bower, G. H., Gilligan, S. G., & Monteiro, K. P. (1981). Selectivity of learning caused by affective states. *Journal of Experimental Psychology: General, 110*, 451–473.

Brown, R., & Kulik, J. (1977). Flashbulb memories. *Cognition, 5*, 73–99.

Craik, F. I. M., & Lockhart, R. S. (1972). Levels of processing: A framework for memory research. *Journal of Verbal Learning and Verbal Behavior, 11*, 671–684.

Craik, F. I. M., & Tulving, E. (1975). Depth of processing and the retention of words in episodic memory. *Journal of Experimental Psychology: General, 104*, 268–294.

Godden, G., & Baddeley, A. (1975). Context-dependent memory in two natural environments: On land and underwater. *British Journal of Psychology, 6*, 355–369.

Guest, D., Estes, Z., Gibbert, M., & Mazursky, D. (2016). Brand suicide? Memory and liking of negative brand names. *PLoS ONE, 11*, e0151628.

Kensinger, E. A. (2009). Remembering the details: Effects of emotion. *Emotion Review*, *1*, 99–113.

Livingston, R. B. (1967). Reinforcement. In G. C. Quarton, T. Melnechuck, & F. O. Schmitt (Eds.), *The neurosciences: A study program* (pp. 499–514). New York: Rockefeller University Press.

Maass, A., & Köhnken, G. (1989). Eyewitness identification: Simulating the "weapon focus". *Law and Human Behavior*, *13*, 397–408.

McWeeny, K. H., Young, A. W., Hay, D. C., Ellis, A. W. (1987). Putting names to faces. *British Journal of Psychology*, *78*, 143–149.

Miller, G. A. (1956). The magical number seven, plus or minus two: Some limits on our capacity for processing information. *Psychological Review*, *63*, 81–97.

Neisser, U. (1982). *Memory observed: Remembering in natural contexts*. New York: Freeman.

Pickel, K. L. (1999). The influence of context on the weapon focus effect. *Low and Human Behavior*, *23*, 299–311.

高野陽太郎（2015）．〝認知心理学の名づけ親〟ナイサー教授を追悼する「認知心理学研究」, *13*, 31–36.

Talarico, J. M., & Rubin, D. C. (2003). Confidence, not consistency, characterizes flashbulb memories. *Psychological Science*, *14*, 455–461.

第2章

Bandura, A.（1977）*Social learning theory.* Englewood Cliffs, NJ : Prentice-Hall.
（原野広太郎（監訳）（1979）．『社会的学習理論——人間の理解と教育の基礎——』金子書房）

Bandura, A., Ross, D., & Ross, S. A.（1963）. Imitation of film-mediated aggressive models. The *Journal of Abnormal and Social Psychology, 66*, 3–11.

Cartwright-Hatton, S., Tschernitz, N., & Gomersall, H.（2005）Social anxiety in children : Social skills deficit, or cognitive distortion? *Behaviour Research and Therapy, 43*, 131–141.

Davey, G. C. L., McDonald, A. S., Hirisave, U., Prabhu, G. G., Iwawaki, S., Jim, C. I., … Reimann, B. C.（1998）. A cross-cultural study of animal fears. *Behaviour Research and Therapy, 36*, 735–750.

Essau, C. A., Ishikawa, S., & Sasagawa, S.（2011）. Early learning experience and adolescent anxiety : A cross-cultural comparison between Japan and England. *Journal of Child and Family Studies, 20*, 196–204.

Ishikawa, S., Kikuta, K., Sakai, M., Mitamura, T., Motomura, N., & Hudson, J. L.（2019）. A randomized controlled trial of a bidirectional cultural adaptation of cognitive behavior therapy for children and adolescents with anxiety disorders. *Behavior Research and Therapy, 120*, 103432.

岩壁　茂（2020）．『よくわかる臨床心理学』株式会社ナツメ社

James, A. C., James, G., Cowdrey, F. A., Soler, A., & Choke, A.（2013）. Cognitive behavioural therapy for anxiety disorders in children and adolescents. *Cochrane Database of Systematic Reviews, 6*: CD004690. DOI:10.1002/14651858.CD004690.pub3.

Kagan, J., Reznick, J. S., Clarke, C., Snidman, N., & Garcia-Coll, C.（1984）. Behavioral inhibition to the unfamiliar. *Child Development, 55*, 2212–2225

Mowrer, O. H.（1947）. On the dual nature of learning: A re-interpretation of “conditioning” and “problem-solving.” *Harvard Educational Review, 17*, 102–148.

National Institute for Health and Care Excellence（2013）. Social anxiety disorder: recognition, assessment and treatment（NICE Guideline CG159）. ２０１３年５月22日〈https://pathways.nice.org.uk/pathways/social-anxiety-disorder〉（２０２１年８月27日）

Pavlov, I. P.（1927）. *Conditioned reflexes: An investigation of the physiological activity of the cerebral cortex.* London: Oxford University Press.

Rapee, R. M.（2002）. The developmental and modification of temperamental risk for anxiety disorders: Prevention of a lifetime of anxiety? *Society of Biological Psychiatry, 52*, 947–957.

Rogers, C. R.（1957）. The necessary and sufficient conditions of therapeutic personality change. *Journal of Consulting Psychology, 21*, 95–103.

Skinner, B. F.（1938）. *The behavior of organisms: An experimental analysis.* New York: Appleton-Century.

Society of Clinical Child and Adolescent Psychology（2017）. Effective child therapy: Evidence-based mental health treatment for children and adolescents. August 5th, 2017 Updated 28th, 2018 Retrieved from 〈http://effectivechildtherapy.org/〉.（２０２１年８月27日）

Vasey, M. W. & Dadds, M. R.（2001）. *The developmental psychopathology of anxiety.* New York: Oxford University Press.

Watson, J. B., & Rayner, R.（1920）. Conditioned emotional reactions. *Journal of Experimental Psychology*, *3*, 1–14.

Weems, C. F., & Silverman, W. K.（2017）. Anxiety Disorders. In Beauchaine, T. P. & Hinshaw, S. P.（Eds.）, *Child and adolescent psychopathology*（3rd ed., pp. 531–559）. Hoboken, NJ: Wiley.

Wells, A., & Matthews, G.（1994）. *Attention and emotion: A clinical perspective.* Hove, UK: Lawrence Erlbaum Associates, Inc.

（箱田裕司・津田　彰・丹野義彦（監訳）（2002）.『心理臨床の認知心理学――感情障害の認知モデル――』培風館）

第３章

Ekman, P.（1972）. Universal and cultural differences in facial expressions of emotion. In Cole, K.（Ed.）*Nebraska symposium on motivation*（pp. 207–283）. Vol. 19. Lincoln, NE: University of Nebraska Press.

Ekman, P. , Davidson, R., & Friesen, W. V.（1990）. The Duchenne smile: Emotional expression and brain physiology II. *Journal of Personality and Social Psychology*, *58*, 342–353.

Ekman, P. , & Friesen, W. V. (1969). The Repertoire of nonverbal behavior: Categories, origins, usage, and coding. *Semiotica*, *1*, 49–98.

Ekman, P. , & Friesen, W. V. (1975). *Unmasking the face: A guide to recognizing emotions from facial clues.* New Jersey: Prentice Hall Trade.

Ekman, P. , & Friesen, W. V. (1978). *Facial Action Coding System: A technique for the measurement of facial movement.* Palo Alto, CA: Consulting Psychologists Press.

Ekman, P. , Friesen, W. V., & Hager, J. C. (2002). *Facial Action Coding System: The manual.* Salt Lake City, UT: A Human Face.

Fridlund, A. J. (1991). Evolution and facial action in reflex, social motive, and paralanguage. *Biological Psychology*, *32*, 3–100.

Fridlund, A. J. (1994). *Human facial expression: An evolutional view.* San Diego, CA: Academic Press.

Hess, U., & Kleck, R. E. (1990). Differentiating emotion elicited and deliberate emotional facial expressions. *European Journal of Social Psychology*, *20*, 369–385.

Kraut, R. E., & Johnston, R. E. (1979). Social and emotional messages of smiling: An ethological approach. *Journal of Personality and Social Psychology*, *37*, 1539–1553.

Krumhuber, E. G., & Manstead, A. S. R. (2009). Can Duchenne smiles be feigned? New evidence on felt and false smiles. *Emotion*, *9*, 807–820.

Lang, P. J., Greenwald, M. K., Bradley, M. M., & Hamm, A. O. (1993). Looking at pictures: Affective, facial, visceral, and behavioral reactions. *Psychophysiology*, *30*, 261–273.

Matsumoto, D., & Willingham, B. (2009). Spontaneous facial expressions of emotion of congenitally and noncongenitally blind individuals. *Journal of Personality and Social Psychology*, *96*, 1–10.

Matsumoto, D., Yoo, S. H., & Fontaine, J. (2008). Mapping expressive differences around the World: The relationship between emotional display rules and individualism versus collectivism. *Journal of Cross-Cultural Psychology*, *39*, 55–74.

Mehrabian, A. (1971). *Silent messages.* Belmont, Califolnia: Wadsworth Publishing Company.

Mehrabian, A., & Ferris, S.R. (1967). Inference of attitudes from nonverbal communication in two channels. (pp. 248–252). Vol. 31. US: American Psychological Association.

Mehrabian, A., & Wiener, M. (1967). Decoding of inconsistent communications. *Journal of Personality and Social Psychology*, *6*, 109–114.

Noah, T., Schul, Y., & Mayo, R. (2018). When both the original study and its failed replication are correct: Feeling observed eliminates the facial-feedback effect. *Journal of Personality and Social Psychology*, *114*, 657–664.

Rinn, W. E. (1984). The neuropsychology of facial expression: a review of the neurological and psychological mechanisms for producing facial expressions. *Psychological Bulletin*, *95*, 52–77.

Russell, J. A. (1995). Facial expressions of emotion: what lies beyond minimal universality?

Psychological Bulletin, *118*, 379–391.
Sato, W., Hyniewska, S., Minemoto, K., & Yoshikawa, S. (2019). Facial expressions of basic emotions in Japanese laypeople. *Frontiers in Psychology*, *10*, 259.
Strack, F., Martin, L. L., & Stepper, S. (1988). Inhibiting and facilitating conditions of the human smile: a nonobtrusive test of the facial feedback hypothesis. *Journal of Personality and Social Psychology*, *54*, 768–777.
Tomkins, S. S. (1962). Affect Imagery, and consciousness. *The positive effects.* Vol. 1. New York: Springer-Verlag.
Wagenmakers, E.-J., Beek, T., Dijkhoff, L., Gronau, Q. F., Acosta, A., Adams, R. B., . . . Zwaan, R. A. (2016). Registered replication report: Strack, Martin, & Stepper (1988). *Perspectives on Psychological Science*, *11*, 917–928.
Wolf, P. H. (1959). Observations on newborn infants. *Psychosomatic Medicine*, *21*, 110–118.

第4章

Burt, M.R. (1980). Cultural myths and supports for rape. *Journal of Personality and Social Psychology*. *38*, 217–230.
藤岡淳子編（2008）．『関係性における暴力』誠信書房
バリー・レビィ（2009）．『恋する前に―デートＤＶしない・されない10代のためのガイドブック』

梨の木社
法務総合研究所（2021）．令和２年版犯罪白書　https://www.moj.go.jp/content/001338452.pdf（２０２１年９月18日取得）
一般社団法人Spring（2021）．性被害の実態調査アンケート結果報告書①量的分析結果　http://spring-voice.org/news/200809survey_report/（２０２１年10月18日取得）
厚生労働省（2021）．令和２年度児童相談所での虐待相談対応件数（速報値）https://www.mhlw.go.jp/content/000824359.pdf（２０２１年９月18日取得）
内閣府男女共同参画局（2021）．男女間における暴力に関する調査報告書（令和３年３月）https://www.gender.go.jp/policy/no_violence/e-vaw/chousa/pdf/r02/r02danjokan-1.pdf（２０２１年９月18日取得）
大淵憲一・石毛博・山入端津由・井上和子（1985）．レイプ神話と性犯罪「犯罪心理学研究」23（2）1–12.
レイチェル・ブライアン（2020）．『子どもを守る言葉「同意」って何？　ＹＥＳ，ＮＯは自分が決める！』集英社
内山絢子（2000）．性犯罪被害者の被害実態と加害者の社会的背景「警察時報」*11* 36–51.
Walter, P.（2003）. The 4Fs: A Trauma Typology in Complex PTSD. http://www.pete-walker.com/fourFs_TraumaTypologyComplexPTSD.htm（２０２１年９月18日取得）
Zimbardo, P.（2007）*The Lucifer Effect: Understanding how good people turn evil.* NY: Random House

（フィリップ・ジンバルドー（2015）．『ルシファー・エフェクト：普通の人が悪魔に変わるとき』海と月社）

第5章

Berns, G. S., Brooks, A. M., & Spivak, M.（2015）. Scent of the familiar: an fMRI study of canine brain responses to familiar and unfamiliar human and dog odors. *Behavioural Processes*, *110*, 37–46.

Berridge, K. C.（2007）. The debate over dopamine's role in reward: The case for incentive salience. *Psychopharmacology*, *191*, 391–431.

Chen, J., Nakamura, M., Kawamura, T., Takahashi, T., & Nakahara, D.（2006）. Roles of pedunculopontine tegmental cholinergic receptors in brain stimulation reward in the rat. *Psychopharmacology*, *184*, 514–522.

David, S. P. , Munafò, M. R., Johansen-Berg, H., Smith, S. M., Rogers, R. D., Matthews, P. M., & Walton, R. T.（2005）. Ventral striatum/nucleus accumbens activation to smoking-related pictorial cues in smokers and nonsmokers: a functional magnetic resonance imaging study. *Biological Psychiatry*, *58*, 488–494.

Di Chiara, G., & Imperato, A.（1988）. Drugs abused by humans preferentially increase synaptic dopamine concentrations in the mesolimbic system of freely moving rats. *Proceedings of the National Academy of Sciences of the United States of America*, *85*, 5274–5278.

Hajnal, A., & Norgren, R. (2001). Accumbens dopamine mechanisms in sucrose intake. *Brain Research*, *904*, 76–84.

Hayashi, T., Ko, J. H., Strafella, A. P. , & Dagher, A. (2013). Dorsolateral prefrontal and orbitofrontal cortex interactions during self-control of cigarette craving. *Proceedings of the National Academy of Sciences of the United States of America*, *110*, 4422–4427.

Ikemoto, S., Glazier, B. S., Murphy, J. M., & McBride, W. J. (1997). Role of dopamine D1 and D2 receptors in the nucleus accumbens in mediating reward. *The Journal of Neuroscience*, *17*, 8580–8587.

Izuma, K., Saito, D. N., & Sadato, N. (2008). Processing of social and monetary rewards in the human striatum. *Neuron*, *58*, 284–294.

Kim, S. H., Baik, S. H., Park, C. S., Kim, S. J., Choi, S. W., & Kim, S. E. (2011). Reduced striatal dopamine D2 receptors in people with Internet addiction. *Neuroreport*, *22*, 407–411.

Ko, C. H., Liu, G. C., Hsiao, S., Yen, J. Y., Yang, M. J., Lin, W. C., Yen, C. F., & Chen, C. S. (2009). Brain activities associated with gaming urge of online gaming addiction. *Journal of Psychiatric Research*, *43*, 739–747.

Koob, G. F., & Le Moal, M. (1997). Drug abuse: hedonic homeostatic dysregulation. *Science*, *278*, 52–58.

Koob, G. F., & Le Moal, M. (2006). *Neurobiology of addiction*. Academic Press.

Martel, P. , & Fantino, M. (1996). Mesolimbic dopaminergic system activity as a function of food reward: a microdialysis study. *Pharmacology, Biochemistry, and Behavior*, *53*, 221–226.

Maskos, U., Molles, B. E., Pons, S., Besson, M., Guiard, B. P., Guilloux, J. P., Evrard, A., Cazala, P., Cormier, A., Mameli-Engvall, M., Dufour, N., Cloëz-Tayarani, I., Bemelmans, A. P., Mallet, J., Gardier, A. M., David, V., Faure, P., Granon, S., & Changeux, J. P. (2005). Nicotine reinforcement and cognition restored by targeted expression of nicotinic receptors. *Nature*, *436*, 103–107.

Nakahara, D., Ozaki, N., Miura, Y., Miura, H., & Nagatsu, T. (1989). Increased dopamine and serotonin metabolism in rat nucleus accumbens produced by intracranial self-stimulation of medial forebrain bundle as measured by in vivo microdialysis. *Brain Research*, *495*, 178–181.

Olds, J., & Milner, P. (1954). Positive reinforcement produced by electrical stimulation of the septal area and other regions of rat brain. *Journal of Comparative and Physiological Psychology*, *47*, 419–427.

Rolls, E. T., & McCabe, C. (2007). Enhanced affective brain representations of chocolate in cravers vs. non-cravers. *European Journal of Neuroscience*, *26*, 1067–1076.

Volkow, N. D., Chang, L., Wang, G. J., Fowler, J. S., Ding, Y. S., Sedler, M., Logan, J., Franceschi, D., Gatley, J., Hitzemann, R., Gifford, A., Wong, C., & Pappas, N. (2001). Low level of brain dopamine D2 receptors in methamphetamine abusers: association with metabolism in the orbitofrontal cortex. *The American Journal of Psychiatry, 158*, 2015–2021.

Carr, E. G., & Durand, V. M. (1985). Reducing behavior problems through functional communication training. *Journal of Applied Behavior Analysis*, *18*, 111–126.

Ferster, C. B., & Skinner, B. F. (1957). *Schedules of reinforcement*. Appleton.

Frederickson, L. W., Epstein, L. H, & Kosevsky, B. P. (1975). Reliability and controlling effects of three procedures for self-monitoring smoking. *Psychological Record*, *25*, 255–364.

Guercio, J. M., Johnson, T., & Dixon, M. R. (2012). Behavioral treatment for pathological gambling in persons with acquired brain injury. *Journal of Applied Behavior Analysis*, *45*, 485–495.

Lerman, D. C., & Iwata, B. A. (1995). Prevalence of the extinction burst and its attenuation during treatment. *Journal of Applied Behavior Analysis*, 28, 93–94.

Levendoski, L. S. & Cartledge, G. (2000). Self-monitoring for elementary school children with serious emotional disturbances: Classroom applications for increased academic responding. *Behavior Disorders*, *25*, 211–224.

Nelson, R. O. (1977). Assessment and therapeutic functions of self-monitoring. In Eisler, R. M. & Miller, P. M. (Eds.), *Progress in behavior modification* (Vol. 5, pp. 263–308). San Diego, CA: Academic Press.

Nelson, R. O., & Hayes, S. C. (1981). Theoretical explanations for reactivity in self-monitoring. *Behavior Modification*, *5*, 3–14.

大屋 藍子・武藤 崇・中鹿 直樹 (2014). 反応非依存的な獲得事態と回避事態が行動変動性の減少に

及ぼす影響についての比較検討「行動科学」, *53*, 11–20.
Polaha, J., Allen, K., & Studley, B.（2004）. Self-monitoring as an intervention to decrease swimmers' stroke counts. *Behavior Modification*, *28*, 261–275.
島宗 理・吉野 俊彦・大久保 賢一・奥田 健次・杉山 尚子・中島 定彦…山本 央子（2015）. 日本行動分析学会「体罰」に反対する声明「行動分析学研究」, *29*, 96–107.
Skinner, B. F.（1938）. *The behavior of organisms: An experimental analysis*. Appleton.
B. F. スキナー　佐藤 方哉（訳）（1990）. 罰なき社会「行動分析学研究」, *5*, 87–106.
園山 繁樹（2019）. 応用行動分析学　一般社団法人行動分析学会（編）『行動分析学事典』（pp130–133）丸善出版
Volkswagen（2009）. Piano Stairs. Retrieved from https://www.youtube.com/watch?v=SByymar3bds（September 20, 2021）
吉野 俊彦（2015）. 反応抑制手続きとしての弱化―自己矛盾の行動随伴性「行動分析学研究」, *29*, 108–118.
吉野 俊彦（2018）. 罰の効果とその問題点―罰なき社会をめざす行動分析学「心理学ワールド」, *80*, 5–8 Retrieved from https://psych.or.jp/wp-content/uploads/2018/01/80-5-8.pdf（September20, 2021）

第7章

Hansen, P. G., Jespersen, A. M., & Skov, L. R. (2015). Size matter! A choice architectural field experiment in reducing food waste. *MENU, The Journal of Food and Hospitality Research*, *4*, 11–15.

Higgs, S. (2002). Memory for recent eating and its influence on subsequent food intake. *Appetite*, *39*, 159–166.

Higgs, S. (2015). Manipulations of attention during eating and their effects on later snack intake. *Appetite*, *92*, 287–294.

Kuo, P. J., & Barber, N. A. (2014). Exploring dishware influences on product evaluation, willingness to pay, and restaurant type. *Journal of Foodservice Business Research*, *17*, 369–389.

Liang, P. , Roy, S., Chen, M. L., & Zhang, G. H. (2013). Visual influence of shapes and semantic familiarity on human sweet sensitivity. *Behavioural Brain Research*, *253*, 42–47.

Marchiori, D., Corneille, O., & Klein, O. (2012). Container size influences snack food intake independently of portion size. *Appetite*, *58*, 814–817.

Michel, C., Velasco, C., & Spence, C. (2015). Cutlery matters: Heavy cutlery enhances diners' enjoyment of the food served in a realistic dining environment. *Flavour*, *4*, 1–8.

Piqueras-Fiszman, B., Harrar, V., Alcaide, J., & Spence, C. (2011). Does the weight of the dish influence our perception of food?. *Food Quality and Preference*, *22*, 753–756.

Plassmann, H., O'Doherty, J., Shiv, B., & Rangel, A. (2008). Marketing actions can modulate neural representations of experienced pleasantness. *Proceedings of the National Academy of Sciences*, *105*,

1050–1054.
Rozin, P. , Dow, S., Moscovitch, M., & Rajaram, S. (1998). What causes humans to begin and end a meal? A role for memory for what has been eaten, as evidenced by a study of multiple meal eating in amnesic patients. *Psychological Science*, *9*, 392–396.
Wang, Q. J., Carvalho, F. R., Persoone, D., & Spence, C. (2017). Assessing the effect of shape on the evaluation of expected and actual chocolate flavour. *Flavour*, *6*, 1–6.
Wansink, B. (2006). *Mindless eating: Why we eat more than we think*. New York: Bantam.
Wansink, B., Painter, J. E., & North, J. (2005). Bottomless bowls: Why visual cues of portion size may influence intake. *Obesity Research*, *13*, 93–100.
Wansink, B., Payne, C. R., & North, J. (2007). Fine as North Dakota wine: Sensory expectations and the intake of companion foods. *Physiology & Behavior*, *90*, 712–716.
山﨑真理子・高木悠哉・齋藤瞳・佐藤豪・青山謙二郎 (2014). 昼食内容の記録がその後の間食の摂取量に及ぼす影響「心理学研究」, *85*, 455–463.

執筆者紹介

中谷内一也（なかやち・かずや）【ガイダンス／おわりに】
一九六二年、大阪生まれ。同志社大学卒業、同大学院の心理学専攻を単位取得退学後、日本学術振興会特別研究員、静岡県立大学、帝塚山大学を経て現在、同志社大学心理学部教授。専門は社会心理学で、とくに、人々の直感的なリスク認知や防災行動、信頼についての研究を進めている。近著として『リスク心理学』（ちくまプリマー新書、二〇二一年）、『ダチョウのパラドックス』（翻訳：丸善出版、二〇一八年）など。論文 "The Unintended Effects of Risk-Refuting Information on Anxiety" が Risk Analysis 誌の二〇一三年最優秀論文賞を受賞。

竹原卓真（たけはら・たくま）【第1章】
一九七〇年、奈良生まれ。同志社大学卒業、同大学院後期課程の心理学専攻を単位取得退学後、北星学園大学を経て現在、同志社大学心理学部教授。専門は認知心理学で、とくに表情や言語認知における複雑ネットワーク研究、顔魅力研究に従事し、日々研究を進めている。近著として『あなたとわたしの心理学』（ナカニシヤ出版、二〇二一年）など。

石川信一（いしかわ・しんいち）【第2章】
一九七九年、千葉県生まれ。早稲田大学卒業。北海道医療大学大学院中退。日本学術振興会特別研究員、宮崎大学教育文化学部を経て現在、同志社大学心理学部教授。専門は臨床心理学で、とくに臨床児童心理学分野として、不安症の子どもに対する認知行動療法、学校で実施する予防的介入に関する研究を進めている。近著として、『臨床児童心理学』（ミネルヴァ書房、二〇一五年）、『イラストでわかる子どもの認知行動療法』（合同出版、二〇一八年）など。主な受賞歴は、日本行動療法学会内山記念賞（二〇〇五年）、日本カウンセリング学会独創研究内山記念賞（二〇〇六年）、日本心理学会優秀論文賞（二〇一六年）。

藤村友美（ふじむら・ともみ）【第3章】
一九八一年、京都生まれ。同志社大学卒業、同大学院の心理学専攻博士後期課程修了。博士（心理学）。日本学術振興会特別研究員、独立行政法人科学技術振興機構研究員、国立研究開発法人産業技術総合研究所主任研究員を経て、現在同志社大学心理学部准教授。専門は、感情心理学、精神生理学で、表情による感情コミュニケーションの研究を進めている。近著として『心理学入門』（分担執筆）（講談社サイエンティフィク、二〇一七年）、『感情心理学ハンドブック』（分担執筆）（北大路書房、二〇一九年）など。

毛利真弓（もうり・まゆみ）【第4章】

一九七七年、愛知県生まれ。愛知教育大学、同大学院教育学専攻博士前期課程修了後、名古屋少年鑑別所（法務技官兼法務教官）、株式会社大林組（官民協働刑務所島根あさひ社会復帰促進センター社会復帰支援員）、広島国際大学を経て現在、同志社大学心理学部准教授。二〇一八年、博士（人間科学）（大阪大学）取得。専門は非行・犯罪臨床心理学であり、治療共同体手法を用いた介入、性暴力の査定と治療教育など。著書は『司法・犯罪心理学』（分担執筆、有斐閣、二〇二〇年）、『治療共同体実践ガイド』（分担執筆、金剛出版、二〇一九年）など。

畑敏道（はた・としみち）【第5章】
一九七二年、大阪生まれ。同志社大学卒業、同大学院にて博士（心理学）取得。浜松医科大学教務員、同志社大学文学部准教授を経て現在、同志社大学心理学部教授。専門は生理心理学、行動学的神経科学で、とくに、動物の時間評価の生理心理学的研究を進めている。近著として『心理学からみた食べる行動：基礎から臨床までを科学する』（共著、北大路書房、二〇一七年）、『神経・生理心理学―基礎と臨床、わたしとあなたをつなぐ「心の脳科学」』（共著、ナカニシヤ出版、二〇二〇年）など。

大屋藍子（おおや・あいこ）【第6章】
一九八五年、福岡生まれ。立命館大学卒業、九州大学大学院人間環境学府修了、同志社大学大学院心理学研究科を修了後、神戸学院大学を経て現在、同志社大学心理学部准教授。国立循環器病研究

センターにて公認心理師・臨床心理士としても勤務。専門は応用行動分析学で、とくに生活習慣の改善や行動バリエーションを増やすためのアプローチについて研究を進めている。近著として『55歳からのアクセプタンス＆コミットメント・セラピー（ACT）』（共著：ratik、二〇一七年）『教えて！ ラス・ハリス先生ACTがわかるQ＆A』（翻訳：星和書店、二〇二〇年）など。二〇二一年、日本認知・行動療法学会内山記念賞を受賞。

青山謙二郎（あおやま・けんじろう）【第7章】
一九六八年、大阪生まれ。同志社大学卒業、同大学院の心理学専攻を中途退学後、同志社大学文学部助手等を経て現在、同志社大学心理学部教授。専門は食行動の心理学、学習心理学、行動分析学。特に食行動への学習の影響について実験的に検討している。共編著書に『心理学からみた食べる行動：基礎から臨床までを科学する』（北大路書房、二〇一七年）。二〇一九年から二〇二一年まで日本心理学会機関誌『心理学ワールド』編集委員長。

図版（図1-2、2-1、2-5、7-1）作成＝真下弘孝

ちくまプリマー新書

379
リスク心理学
——危機対応から心の本質を理解する
中谷内一也
人間には危機に対応する心のしくみが備わっている。しかし、そのしくみには一癖あるらしい。感情と合理性の衝突、リスク評価の基準など、最新の研究成果を紹介。

169
「しがらみ」を科学する
——高校生からの社会心理学入門
山岸俊男
社会とは、私たちの心が作り出す「しがらみ」だ。「空気」を生む社会そのものの構造を解き明かし、自由に生きる道を考える。ＫＹなんてこわくない！

207
好きなのにはワケがある
——宮崎アニメと思春期のこころ
岩宮恵子
宮崎アニメには思春期を読み解くヒントがいっぱい。物語は、言葉にならない思いを代弁し、子どもから大人への橋渡しをしてくれる。作品に即して思春期を考える。

262
レジリエンス入門
——折れない心のつくり方
内田和俊
人生には心が折れやすくなる時期がある。どうすればそれを乗り越え、成長できるのか。心の自然治癒力＝「レジリエンス」を高め、たくましく生きる方法を伝える。

293
「対人不安」って何だろう？
——友だちづきあいに疲れる心理
榎本博明
友だちに嫌われることを恐れ、ホンネを出せない若者が多い。そこに巣くう「対人不安」のメカニズムを考え、人の目や不安を前向きに受け止めるヒントを説く。

ちくまプリマー新書

316
なぜ人と人は支え合うのか
――「障害」から考える
渡辺一史
障害者を考えることは健常者を考えることであり、同時に自分自身を考えること。なぜ人と人は支え合って生きるのかを「障害」を軸に解き明かす。

336
ダイエット幻想
――やせること、愛されること
磯野真穂
モテたい、選ばれたい、認められたい……。ダイエットの動機は様々だけど、その強い思いで生きづらくなっていませんか？ 食べると生きるをいま見つめなおそう！

351
「さみしさ」の力
――孤独と自立の心理学
榎本博明
自分の内面に目が向かう青年期。誰とも違う個別性の自覚とともに、痛切な「さみしさ」が生まれてくる。この感情の様相をとらえつつ、自立という問題を考察する。

373
勉強する気はなぜ起こらないのか
外山美樹
気持ちがあがらない、誘惑に負けちゃう。お困りなあなたにやる気をコントロールするコツを教えます。目標設定、友人関係、ネガティブ戦略など、どれも効果的！

392
「人それぞれ」がさみしい
――「やさしく・冷たい」人間関係を考える
石田光規
他人と深い関係を築けなくなったのはなぜか――相手との距離をとろうとする人間関係のありかたや、「人それぞれ」の社会に隠れた息苦しさを見直す一冊。

ちくまプリマー新書 397
ようこそ、心理《しんり》学部《がくぶ》へ

二〇二二年三月十日　初版第一刷発行

編　同志社大学心理学部（どうししゃだいがくしんりがくぶ）

装幀　クラフト・エヴィング商會
発行者　喜入冬子
発行所　株式会社筑摩書房
東京都台東区蔵前二－五－三　〒一一一－八七五五
電話番号　〇三－五六八七－二六〇一（代表）

印刷・製本　株式会社精興社

ISBN978-4-480-68421-9 C0211　Printed in Japan
©Doshisha University Faculty of Psychology 2022
乱丁・落丁本の場合は、送料小社負担でお取り替えいたします。
本書をコピー、スキャニング等の方法により無許諾で複製することは、法令に規定された場合を除いて禁止されています。請負業者等の第三者によるデジタル化は一切認められていませんので、ご注意ください。